# マッキンゼーが解き明かす生き残るためのDX

Digital Transformation

マッキンゼー・デジタル
黒川通彦　平山智晴
松本拓也　片山博順
編著

日本経済新聞出版

# はじめに

## DXの本質は、企業文化変革

私たちは、様々なメディアを通じて、繰り返し「マッキンゼーが考えるDX（デジタル・トランスフォーメーション）の本質は、企業文化変革である」と発信してきました。

企業文化変革とは、一言でいえば、企業が生き残るための破壊と創造です。長年、市場で生き残ってきた企業は、それぞれ独自の歴史と企業文化を持っています。そして、それが会社の常識となり、従業員の行動様式や共通認識として定着し、安定した会社運営を支えています。

社会環境・市場環境が大きく変わらない時代は、それで問題ありませんし、むしろ、それが強みでした。しかし、消費者のニーズや社会環境が大きく変化している現在、そして、技術を武器に新興国や次のGAFAが台頭してくるであろう未来に、変化を好まない日本企業は、生き残ることができるのでしょうか？

経営者の方々にお会いしたとき「御社は、いまのビジネスモデルで、あと何年生き残れますか？」という質問をしています。「3年、5年後は生き残れますか？」と問いかけると、「問題ない。いまも利益はそこそこ出ているし、競合もそこまで変化しないし、新興企業も脅威ではない」という答えが返ってきます。ところが「10年後、20年後はどうでしょう?」と質問すると、多くの方が答えに窮してしまいます。その頃には、現経営陣は会社にはいません。10年後、会社の舵取りは、現在40~50代の方々(本書では、次世代リーダーと呼んでいます)にバトンタッチされています。

10年後、あなたが会社の経営を任され、ある日突然、危機が訪れたら、あなたは会社を、急に変革できるでしょうか。危機は思わぬスピードでやってきます。この10年で成長したGAFA、BATHなどのデジタルネイティブ企業は、一気に顧客を囲い込み、産業構造までも変えてしまいました。伝統的企業で生き残っているのは、それに呼応して、いち早くデジタルなど新しい能力を取り入れて、自社のビジネスモデルを変革し、自社の企業価値を高めた欧米の大企業やオーナー企業です。

つまり、DXをきっかけとし、強い危機感を社内に醸成し、自社を破壊し創造し直した企業だけが生き残っているのです。日本では、各企業の置かれている環境は異なり、まだ当分、脅威が感じられない、という業界もあるかもしれません。しかし、来るべき脅威の波に備えて、古くなってしまった企業の常識をいまから変革していかないと、危機が来てからでは、間に合いません。

ＤＸがこれだけブームになり、新型コロナウイルスで世の中の常識も変わりました。いまだからこそ、自社の古い常識を見直しませんか。

私たちは、ＤＸの本質とは、「生き残るための自社の企業文化の破壊と創造による企業価値の向上」だと考えます。もう少し説明を加えるならば、ＤＸの本質とは「ＤＸをきっかけに、世間の常識からみて、古くなった〝自社の常識〟を自ら破壊すること」。そして「従業員の意識、共通認識、行動様式を、時代に合わせて創造し直すこと」。その結果、「従業員が、消費者・顧客に選ばれ続けることを目的として、自律的に課題解決を行うこと」「最終的に、脅威が来たときに生き延びられるように、自社の企業価値を圧倒的に高めること」であると考えています。

## 破壊と創造に挑んだ者だけが生き残る

過去30年を振り返ってみると、世界的に比較した日本企業の企業価値は、相対的に下落し続けています。平成元年（１９８９年）の世界時価総額ランキングでは、日本の企業がＴｏｐ20の約7割を占めました。それが、２０２１年5月時点では、アメリカ企業がＴｏｐ20の約7割を占め、日本企業はトヨタが38位に入る程度です。アメリカ企業は、ＧＡＦＡが生まれたことで時価総額を伸ばした企業が多い一方、マイクロソフト、ＪＰモルガン、ジョンソン＆ジョンソン、ウォルマート、バンク・オブ・アメリカ、コカ・コーラ、ナイキ、ファイザー等、いわゆる伝統的企業であったにもかかわらず、大きく時価総額を伸ばした企業があります。一方で、衰退した企業もあります。

その差異が生じた要因を分析するために、マッキンゼーでは、リーマンショック後に、全体の平均よりも株価を伸ばした「勝ち組」グループと、逆に平均よりも株価を落とした「負け組」グループが、実際にどのような活動をしていたかの比較をしてみました。すると、「勝ち組」は、消費者・顧客により選ばれるために、デジタル、デザイン、アジャイルなどの新しい組織能力獲得に投資を行うことで、従業員をリスキリング（能力の再開発）し、買収やＪＶ（ジョイントベンチャー）を積極的に行い、エコシステムを形成し、デジタルチャネルを使ってより付加価値の高いビジネスモデルへ転換するなど、要するにＤＸをきっかけとした、企業文化の大変革を実施していました。

一方で、「負け組」は、リストラや事業売却など、コスト削減に寄与する改善活動のみに終始し、なんとか会社を存続させていました。日本においては、オーナー企業や、ベンチャー出自の企業など、危機感の醸成と、トップダウンがうまく働く企業においては、同様の変革が実施されました。しかし、大多数の大企業においては、失われた20年と称される通り、成長に向けた大きな投資をするのではなく、コスト最適化や業務改善を粛々と実行し、変革ではなく改善に終始してきたために、企業価値は上がりませんでした。つまり、古い企業文化を破壊し、創造し直すことで、自社の提供価値を上げる努力を惜しまず、そのためにビジネスモデルを変化させるような、大きな変革にチャレンジし、従業員が本気で、一丸となって課題解決を実施することで、企業の価値を高められるのだといえるでしょう。

## もう「偽物のDX」をしている余裕はない

残念なことに、日本で企業文化変革に成功し、ビジネスモデルを転換するなどして、企業価値を高めるに至った企業は、数パーセントに過ぎないというのが実情です。その理由は、DXで新しいソリューションを導入することや、レガシーシステムを刷新する、いわゆる旧来の「IT化」が目的化しているためです。

その結果、企業文化変革を起こすために始まったという目的が忘れ去られ、間違ったDX、やったふりDXと呼ばれる、業務改善レベルの小さな効果しか生まれない、矮小化されたIT導入プロジェクトに目的がすり替わってしまっているのです。そのため、多くの企業が終わりなきＤＸ地獄に陥り、費用と人的資源が浪費され続けているのです。ＩＴシステムの導入を最終目的にしたＤＸは、もうやめましょう。

例えば、ＤＸと称して、他社で実績のある、ＡＩ（人工知能）を用いた需要予測システムを導入したとしましょう。当然ですが、このシステムが現場のオペレーションに組み込まれ、活用されなければ、全く効果を生みません。さらに、オペレーションに組み込まれたとしても、消費者・顧客・市場からのフィードバックを反映し、日々ＡＩアルゴリズムを最適化・高度化していない限り、自社が競合と差別化できるような、大きな価値を生むことはできません。

最も大切なのは、現場の従業員の意識改革と自走化です。「デジタル技術を武器として積極的に活用し、自社の価値をより高めたい」という意識を芽生えさせ「やったら本当に成果が出た」という成功体験を繰り返し、自信をつけてもらい、定着化していくことです。従業員自らが、課題設定を行い、デジタルをツールとして徹底活用し、トライアル＆エラーを継続している、そういった「自走化」状態が作り出せるか否かが、成功と失敗の分かれ目なのです。

## 日本企業の変化を阻む厚い壁

しかし、この企業文化変革を成功させるためには、日本特有の構造的ハンディキャップを理解したうえで解決策を見つける必要があります。その内容は、2020年の秋にマッキンゼーのウェブサイトに掲載したDXレポートでも書きましたが、要点を紹介します。

経営陣の同床異夢：会社経営上の重要な意思決定は、幹部の合議制で決められます。それにより、本来トップダウンで進めるべきDXによる全社変革を、社長が一気に推進することができません。特にデジタルなど経験がない分野については、経営幹部の個々人で、理解度・優先度・リスク許容度も異なり、かつ現場の抵抗も予想されるので、合意に至るまで途方もない時間がかかります。

部門を分かつ厚い壁：開発・マーケティング、製造、営業の間の対立、さらにビジネス部門とIT部門の対立も、DXを阻害する大きな要因になっています。DXに最も必要な、顧客目線ではなく、部門目線が最重要視されます。またレガシー脱却などで忙しすぎてキャパがないIT部門と、DXで早く結果を出したいビジネス部門の間での闘争でＤＸが2年停滞したという例も珍しくありません。

世代間の闘争：経営幹部、管理職、現場、それぞれの階層における、デジタルに対する経験の違い、意識の違い、リスク・効果への解釈の違いが見られます。そもそもパソコンやスマホを触らない経営幹部と、スマホで何でもできるのが当たり前のデジタルネイティブ世代では、話がかみ合いません。現場からボトムアップにＤＸの施策を提案しても、上の意向を忖度した管理職に止められたり、経営陣に伝わったとしてもアクションが取られないなど、苦い経験を持つ若手の方が数多くいます。しかし、一方で「わが社はＤＸに力を入れる」とメディアに答える経営幹部を見て、現場が抵抗勢力化してしまうという例も見られます。

変化を阻む企業文化：変革スピードを、さらに遅くしているのが、時代に即さない企業文化が根強く残っていることです。例えば、石橋をたたいて壊してしまうくらいの失敗が許容されない文化。過去の失敗を繰り返さないために作られた無数のルール・不文律。さらに、出る杭は打たれるという特有の文化は、改革の推進を難しくしています。そして、大きな問題は、これらは過去数十年の歴史の中で培われたものであり、急激に変更すれば、現場からのさらなる抵抗や、顧客・消費者に対する価値の毀損につながるリスクがあるのです。

## 10年後の自社を救うのは、あなた

このような課題を持つ日本企業は、例えれば、巨大なタンカーです。目の前に氷山が迫っていても、急には止まれないし、方向転換もできません。もしかしたら、氷山にぶつかっても、巨大なタンカーの乗員は、しばらく気づかないかもしれません。この巨大なタンカーに、危険を知らせ、方向転換させるには、強力なタグボートが必要です。

タグボートを操るのは、もちろんこの本の読者の皆さんです。そして、皆さんはDXを刺激剤として使い、従業員の皆さんに向けて警笛を鳴らしてください。従業員は、恐怖を覚えるでしょう。「AIに自分の仕事を奪われる」「古い体質のうちがGAFAになれるはずがない」「忙しいのに、また兼務で新しい取り組みをやらされて大変だ」「DXなんてITベンダーに任せればいい」「いまでも十分利益が出ているのに、なぜあえてリスクを冒すのか」「DXなんて失敗した話しか聞かない」「どうせやっても評価されない」……言い訳や、批判は、いくつでも出てきます。だからこそ、

ＤＸは取り組むべき題材として素晴らしいと思います。いままでの会社の常識に疑問を呈することができるからです。そうやって生まれた摩擦の中から、何を変えるべきで、何を残すべきか、企業文化の取捨選択ができるのです。

本書はＤＸについての解説書であると同時に、日本企業を変革するうえで明らかになった様々な課題に対して、私たちが日々どうやって立ち向かってきたかの、戦いの記録でもあります。経営幹部の方はもちろん、特に10年後の会社の存亡のカギを握る、次世代リーダーの皆さまを対象に書きました。40～50代の勇者が、次々に立ち上がり、ＤＸという武器を使って、企業文化変革を成功させる、その後押しになればと思っています。

本書では、ＤＸを成功させるための要諦を、Ｗｈｙ、Ｗｈａｔ、Ｈｏｗ、そして、あなた自身が何をすべきなのか、という構成でまとめました。各章には、マッキンゼーが、これまで年間１２００社のグローバル企業・日系企業のＤＸに携わってきた経験から培ったノウハウを、惜しみなく詰め込みました。企業のパフォーマンス向上と、人材育成の２つ。それこそがマッキンゼーのミッションだからです。

各企業の次世代リーダーの皆さまにノウハウをお伝えすることで、少しでも企業文化変革を実現できる企業が増え、しっかりと変革意識・変革文化を、従業員の一人一人に根付かせ、企業価値を高める活動を開始していただきたいと、切に願っています。

ＤＸをバズワードや一過性のブームで終わらせるのは、もったいないことです。会社を変革するきっかけとして、そして、武器として、最大限活用してください。そして、10年後も、１００年後も、日本が自律繁栄し、世界に貢献できる国であり続けるために、いまこそ、会社を変革しましょう。

この本は、変革を一緒に引き起こしてくださる、同志の皆さんに、少しの勇気と、少しのきっかけを与えられたらという思いで、マッキンゼーメンバーで総力を挙げて、書き上げました。一緒に、日本のＤＸの新たな歴史の一ページを刻もうではありませんか。

マッキンゼー・アンド・カンパニー
マッキンゼー・デジタル・パートナー
黒川 通彦

マッキンゼーが解き明かす　生き残るためのＤＸ　目次



# 第1章

Why?

## 産業構造の大きな変化

第2章

# DX で何を目指すのか

What?

第3章

# 日本企業の足枷と挑戦

HOW?

第4章

HOW?

# DXを成功させるために必要なこと

# 第5章 あなたは、何をすべきなのか

YOU

# 第1章

# 産業構造の大きな変化

デジタルがもたらす破壊と創造によって産業構造が変わり、既存のビジネスモデルを抜本的に見直すべき状況が様々な領域で発生しています。次世代のビジネスリーダーにとって、変化を機敏に察知し、将来起こり得るシナリオを想像しておくことは、先手の行動をとるための基礎になります。DX（デジタル・トランスフォーメーション）がいかに強力で、産業構造がどのように変わってきているか、ここでは製造業、小売業、金融業、広告・メディアといった主だった業界ごとに具体的に見ていきましょう。

## ビジネスモデルを変えていく製造業

### IoTを活用した海外製造業

製造業におけるデジタル変革は、多くの海外企業の中で成功例が目立ってきていきます。例えば、フォルクスワーゲンでは、クラウドサービスプロバイダーであるマイクロソフトとアマゾンの両社と連携し、サプライチェーン全体をクラウドに接続し生産性と利便性を向上することに成功しました（図表1－1）。122の工場、3万の施設、1500のサプライヤーを全てクラウドに接続することで、それまで各工場がバラバラの生産システムを導入していた課題を解決したのです。組み立てロボットから物流

## 図表1-1　フォルクスワーゲンはマイクロソフト、アマゾンと連携し、サプライチェーン全体をクラウドに接続し生産性と利便性を向上

**クラウドを活用し、生産性と顧客体験の向上を実現**

### 工場のデジタル化

各工場がバラバラの生産システムを導入していた課題に対し、AWSを使い、組み立てロボットから物流まで全ての設備をクラウドに接続
データをリアルタイムに収集し、機械学習アルゴリズムで各設備のパラメーターを調整し、生産効率を向上

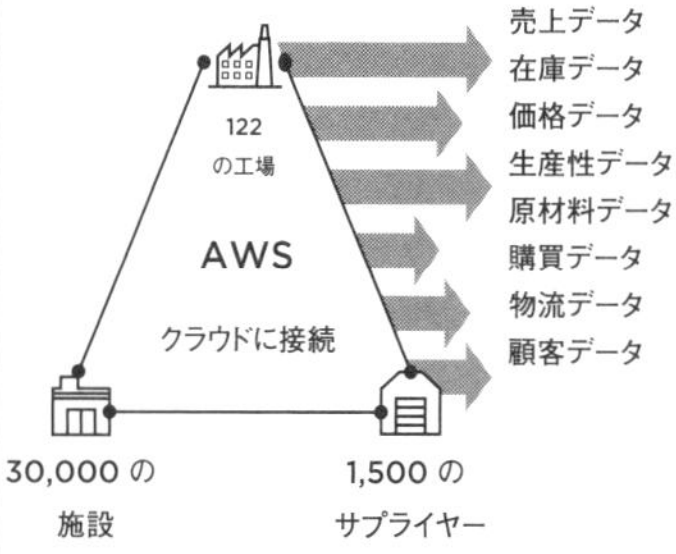


### ネット接続車

車載システムがMicrosoft Azureのクラウドと連携するコネクテッド・カーを製造。ユーザーは社内で様々なサービスを利用可能（例：車内から電話会議に参加、音声アシスタントなど）

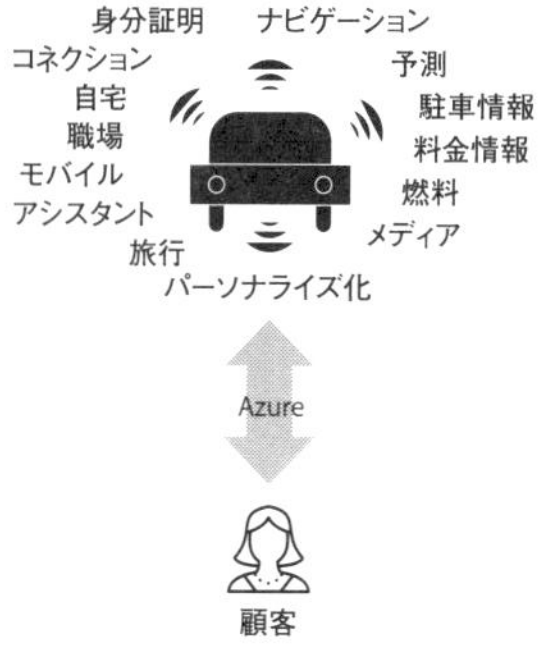


**クラウド活用による成果**

人材を強化し、工場と製品のデジタル化を促進
・デジタル人材を500人から5,000人に拡大
・ソフトウェアトレーニングを20,000人の社員に実施

- 122の工場、30,000の施設、1,500のサプライヤーを全てクラウドに接続

- ネット接続車（コネクテッド・カー）を2020年以降500万車製造予定

出所：企業ウェブサイトをもとにマッキンゼー作成

まで全ての設備をクラウドに接続してデータをリアルタイムに収集。機械学習アルゴリズムを用いて各設備のパラメーターを調整し、生産効率の向上へとつなげています。従来バラバラだったデータを可視化することにより、経営のあり方をデータドリブンへとシフトしたケースといえます。

また、ロールスロイスはビッグデータの活用により、エンジンをセールスする事業から、推進力をサービスとして提供する事業へとシフトしています。同社製のエンジンに取り付けたセンサーデータを基に、エンジン出力や稼働時間を計算することで、〝提供した推進力〟に応じて利用料を徴収するという〝Power-By-The-Hour〟方式のビジネスモデルへと転換したのです。このサービスには、ロールスロイスが設立したR2 Data Labsが開発するＡＩやＩｏＴ技術が取り入れられており、デジタル技術の活用により利用した推進力に応じた料金体系を実現しました（図表１－２）。

このビジネスモデルでは、エンジンが稼働していない時間は顧客にとって利益を生まない無駄な時間として捉え、顧客に費用を請求しないことを前提としています。こうして〝エンジンのダウンタイム〟のリスクをロールスロイスが負うことで、他社との差別化に成功しているのです。それと同時に、デジタル技術を活用した予防保全によりダウンタイムを最小化することで、ロールスロイス側のリスクも軽減しています。

**図表1-2　ロールスロイスはビッグデータの活用でエンジンセールス事業から、推進力サービス提供事業へシフト**

**デジタル技術の活用により、利用した推進力に応じた料金体系を実現**

- ロールスロイスはエンジンのセンサーデータを基にエンジン出力および稼働時間を計算
- “提供した推進力”に応じて利用料を徴収する“Power-By-The-Hour”方式のビジネスモデルへ転換
- このサービスには、ロールスロイスが設立したR2 Data Labsが開発するAIやIoT技術が取り入れられている

**エンジンのダウンタイムリスクをロールスロイスが負うことで差別化**

- エンジンのダウンタイムの間は顧客にとって利益を生まない無駄な時間であった
- エンジンが稼働していない時間は“推進力を提供していない”としてロールスロイスは顧客に費用請求しない
- 顧客の悩みの種であった“エンジンのダウンタイム”のリスクをロールスロイスが負うことで他社と差別化
- デジタル技術を活用した予防保全によりダウンタイム最小化、ロールスロイス側のリスクを軽減

出所：企業ウェブサイトをもとにマッキンゼー作成

## デジタルによるオペレーションの高度化

さらに、近代産業においては最も古い製鉄業界の現場においてもデジタル変革の成功例が出てきています。インドのTata Steelでは、生産設備に取り付けたセンサーからビッグデータを収集し、アルゴリズム解析によって熱処理作業における最適なオペレーションを実践することで、品質改善へと結びつけています。この熱処理のオペレーションは、顧客の注文内容に応じて、1600度もの高温の中で適正温度が前後15度以上ぶれてはならないため、熟練したオペレーターであっても難易度が高い工程です。その中で

データモデルを活用したオペレーションでは、90%という高い的中率を達成し、工場の稼働率を高めることに成功したのです。

Tataではこのデータ活用モデルを全工場へ展開することにより、7000万ドルから8000万ドルものビジネス価値を創出しており、財務分析の指標であるEBITA（Earnings Before Interest Taxes Depreciation and Amortization）においても2〜3ポイントの上昇を達成しました。こうして同社の製造現場におけるビッグデータ活用の取り組みは、2019年のWorld Economic Forumで、Industry4.0のデジタル変革のライトハウス事例として選出されています。

## 日本の製造業における成功事例

海外だけでなく日本の製造業においてもDXの成功事例はいくつか出てきています。

なかでも代表的なケースが、コマツによるモノ（機器）の自動化と、コト（建設）の最適化の両軸からの取り組みでしょう（図表1−3）。これにより同社は、建設機器を製造するだけのメーカーから、ソリューションに価値を出す企業へと変貌を遂げています。

**図表 1-3** コマツは、モノ（機器）の自動化と、コト（建設）の最適化の両軸での取り組み

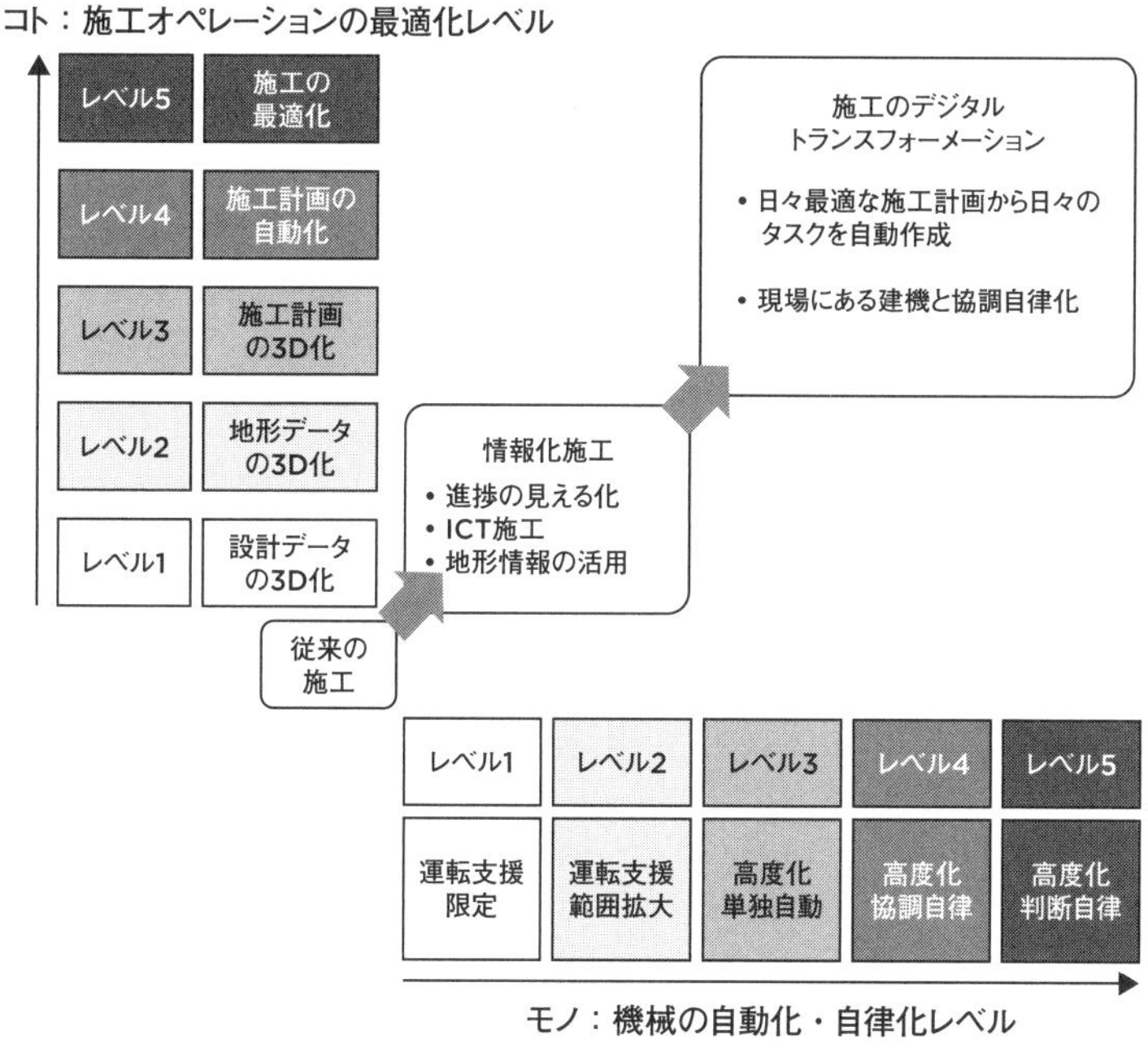


出所：コマツIR資料等をもとにマッキンゼー作成

**図表1-4** クボタは耕作機械製造の枠を超えて、デジタル技術を活用した様々な製品・サービスを展開

| 農作業の効率化を目指した自動運転トラクターの開発 | データによって農作業を効率化し、「もうかる農業化」を支援するクラウドサービスの展開 |
|---|---|
| 農業業界では、農業従事者の高齢化や農家の大規模化という環境変化が発生している<br>クボタは環境変化へ対応するため、農作業効率化を目的とした自動運転トラクターを開発中<br>現在は、有人監視下での自動運転まで実用化済み | 農作業はこれまで、作業者や農業経営者の経験や勘に頼ることが多かった<br>クボタは、圃場マップや農機、作物情報などをデータで一元管理して作業計画立案へつなげられるクラウドサービスを開発・サービス展開中 |

出所：企業ウェブサイトをもとにマッキンゼー作成

コマツでは、数十万台の建設機械に取り付けたセンサーから「施工実績」や「健康状態」に関するデータをリアルタイムに収集。こうして世界中の建設現場から収集されたデータがネットワークを通りシームレスに連携しており、蓄積したデータを分析することで、建機の不具合や故障の発生を予測し、交換部品の生産・供給計画に活用しています。また、建機の稼働状況から施工現場の状況をリアルタイムで可視化することにより、最適な施工計画や日々のタスクを自動作成するソリューションも提供しているのです。

同様にクボタも、耕作機械メーカーの枠を超えて、デジタル技術を活用し

た様々な製品・サービスを展開しています。農作業の効率化を目指した自動運転トラクターの開発にとどまらず、データ活用によって農作業を効率化することで、「もうかる農業化」を支援するクラウドサービスも展開しているのです（図表1－4）。

日本の農業業界は、従事者の高齢化や農家の大規模化といった環境変化の中にあります。農作業はこれまで、作業者や農業経営者の経験や勘に頼りがちでした。そうした中クボタは、圃場マップや農機、作物情報などをデータで一元管理し、作業計画の立案へとつなげられるクラウドサービスとサービスモデルを開発。こうして「スマート農業」を推進することで、日本農業の問題に取り組んでいるのです。さらに農業産業の問題は国内にとどまらず、今後アジア各国にも波及すると考えられており、同社の先進的な取り組みへの需要は、グローバルでも増していくことが予想されています。

## 技術革新がもたらす製造業のビジネス変革

これまで紹介したような、製造業のビジネスに大きな変革をもたらしているのは、言うまでもなくテクノロジーの進化です。

コンピューティング能力の進化は画像認識センサーなどエッジサイドでの大規模なデータのリアルタイム処理を可能とし、ローカル5Gをはじめとするネットワーク技術の進化は大規模データのシームレスな収集と連携を実現しました。そしてクラウドサービスの拡大は、収集された大規模データを廉価に蓄積することを可能にするとともに、高速なデータ解析を容易にしています。それと同時にクラウド化は、製造業のバリューチェーンにおけるロケーションの制限を根底から取り除いたのです。

過去数十年にわたるＩＴの技術進化は、業界を問わず、バックオフィスをはじめとするホワイトカラーが担ってきた作業への業務効率化をもたらしてきました。それと並行して製造業の現場では、ロボティックスの革新によるＯＴ（オペレーショナルテクノロジー）による業務効率化が進んできました。そしていまデジタル化によって起きている技術革命のポイントは、これらのバラバラだった2つの分野がデータとしてシームレスに連携することが可能となったことにあるといえるでしょう。両者のデータの融合がもたらす相乗効果により、さらなる業務効率化と新たなビジネスモデルが創出されているのです。

## 日本の製造業が遅れている3つの原因

先に述べたように、いくつかの日本企業において先端事例が生まれているものの、国内の製造業界全般としてはデジタル変革の波に乗り切れていないといえるでしょ

**図表1-5** 設備投資の内訳

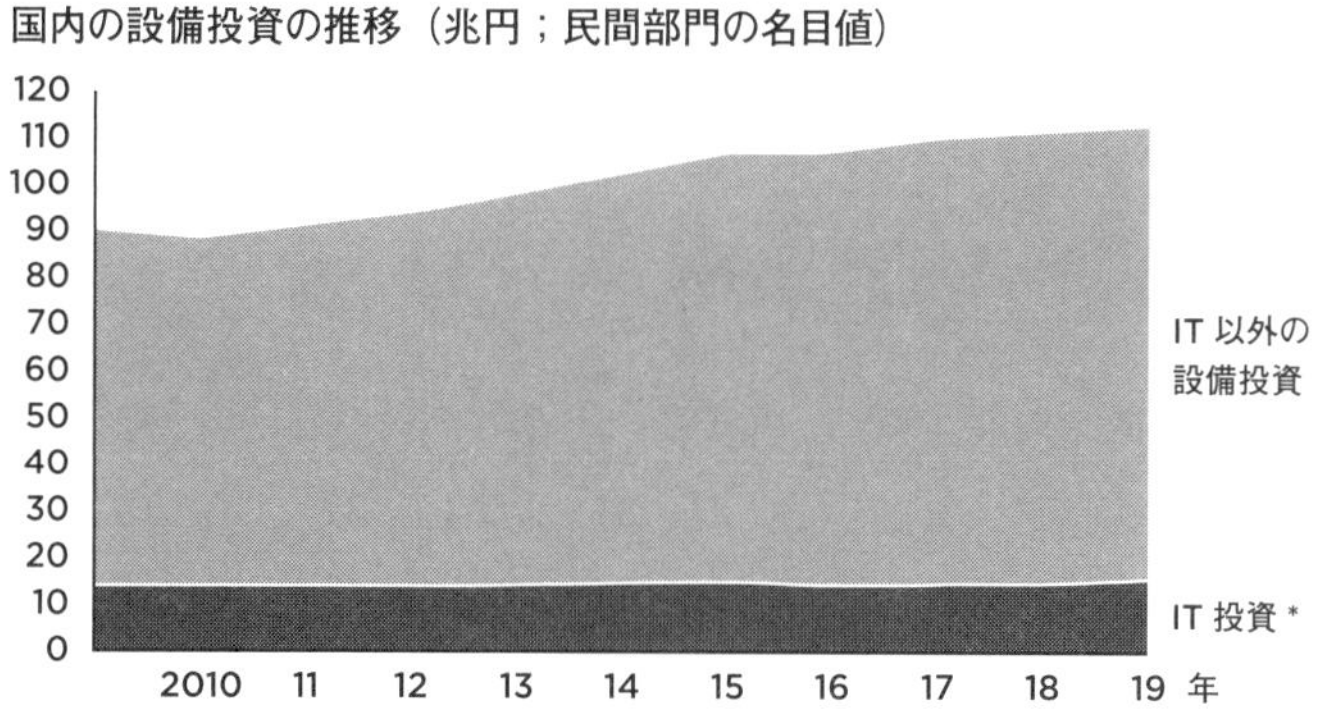


* 機械・設備の情報通信機器、知的財産生産物のコンピューターソフトウェア

出所：内閣府「2019年度国民経済計算」固定資本マトリックス

う。事実、多くの製造業の企業では、デジタル技術は限定的な生産性向上のツールとしての活用にとどまっています。

日本の製造業がデジタル化に遅れている原因としては、大きく3つが挙げられます。

## 消極的なIT投資

第一に、過去数十年にわたりIT投資を積極的に行ってこなかったことです（図表1－5）。これまでの数十年もの間、生産効率性に直結する設備投資としてOTには積極投資をしてきたものの、もう一方のITを重視してきた製造業は少ないのが現実です。あくまでＩＴはコストセンターとして捉えられ、稼働開始後に30～40年経過していても現役で稼働しているＩＴシステムを目にすることも珍しくありません。

そうした老朽化したＩＴシステムが、ＯＴシステムとのデータ連携時の足枷となると同時に、企業におけるＩＴ人材の深刻な不足をもたらしています。ＩＴ・デジタル人材不足の課題は日本の全業界にまたがる共通のものですが、とりわけ製造業ではそれが最も顕著に表れているといえます。

## 強固すぎるサプライチェーン

続く第二の原因は、完成品メーカーとサプライヤー、さらに孫請けの町工場まで密接に絡み合ったサプライチェーンモデルが足枷になっていることです。

自動車産業に代表されるこうした「護送船団方式」は、会社をまたいでも技術者たちが躍動し、職人同士が阿吽の呼吸で高い品質を追い求める文化を醸成し、モノづくりに生かされてきました。それは「モノづくり大国、ニッポン」として、グローバルの製造業において不動の地位を築く原動力となったことも事実です。

しかしながら、そうした職人の阿吽の呼吸までもがデータ化されるべきデジタル変革においては、「先代の輝かしい成功」がむしろ大きな足枷となっているのです。長年の経験を持つ熟練工だけが持つ「職人ワザ」がデータ化され、効率的な大量生産へと反映されている先のTata Steelのケースが好例といえるでしょう。

日本の製造業でも、海外の競合企業でそうした劇的な変化が起きていることを、経営者のみならず現場社員もしっかり認識したうえで、全社的にビジネスモデルをシフトしなければなりません。しかしながら、戦後から一貫してこれまで磨いてきたモデルを捨て去ることについて、躊躇する経営者は少なくないのも事実です。そしてまた、たとえ経営側が変化を訴えても、現場からの抵抗を受けていたずらに時間を浪費している状況も多々見受けられます。

またサプライヤーにとっての課題は、張り巡らされたサプライチェーンの中で、仮に自社だけが突出してデジタル化を推進し成功させたとしても、調達先あるいは発注元が追いついていないことにより、デジタルの価値が限定されてしまうことです。社内でのデータ連携はデジタル化されたものの、社外との連携のためにわざわざアナログにデグレーションしたうえで連携しなければならない、といった悩みを耳にすることも多いです。サプライチェーンを通じて、企業間をまたいだ共通のプラットフォームや標準化を推進する必要性に迫られているといえるでしょう。

### 組織のサイロ化

そして第三の原因は、社内での組織のサイロ化という問題です。伝統的に日本の製造業では製造部門が強く、たとえ商品企画やマーケティング部門の力が弱くても高品質の製品によって売上を上げてきました。また、設計部門のアウトプットが多少精緻でなくても、製造部門の技術力でカバーしてきた側面も多々あります。

しかしながら、「質の高い」製品を作っていれば売れた時代はもはや終わりを告げ、これから求められるのは、多様化する顧客のニーズにしっかりとミートした製品を作ることです。そしてその急激な変化に対応して、市場に展開するスピードも強く求められます。

そのため日本の製造業でも、データ連携をテコにしながら、これからの設計部門とマーケティングの組織のあり方を変化させなければならないのです。

## 日本の製造業はチャレンジしなければならない

これまで説明してきたように、国内の製造業におけるデジタル変革は、一筋縄ではいかないものだといえます。しかしながら、日本において製造業は全GDPの約20%を占める（図表1－6）最大の産業であり、日本経済の屋台骨であることに変わりは

図表1-6　日本のGDPにおける製造業の比率

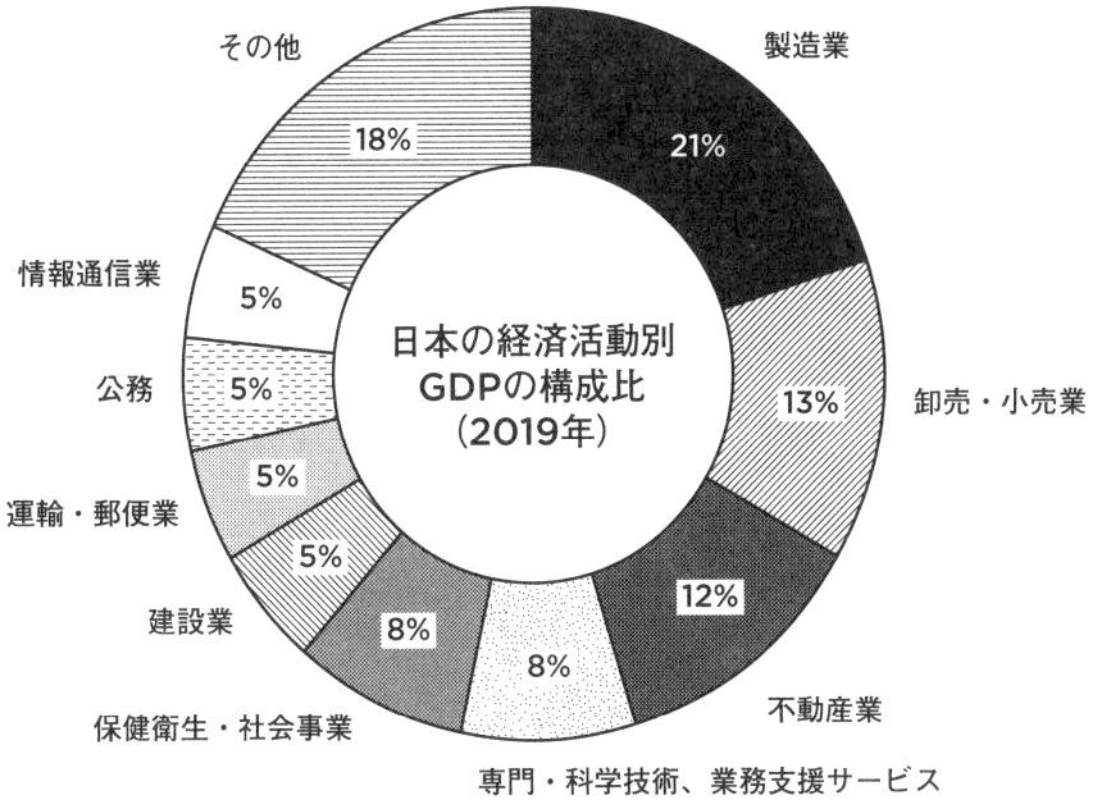


出所：内閣府「国民経済計算（GDP統計）」年次推計主要計数

ありません。そのため製造業がデジタル変革を起こせるかどうかが、日本経済全体の将来を占うと言っても過言ではないのです。

言うまでもなくグローバル経済における日本の製造業の存在感は年々低下しています（図表1－7）（図表1－8）。この流れを逆転して競争力を再び高めることができるかどうかは、いま訪れているデジタル変革を好機と捉え、ビジネスモデルを含めた全社的な改革に舵を切れるかどうかにかかっているのです。「過去の栄光と成功体験」をかなぐり捨て、「痛みを伴う」改革を断行するのは容易ではないでしょう。しかしなが

図表 1-7 テスラの時価総額は日本自動車大手 6 社の時価総額をはるかに上回る

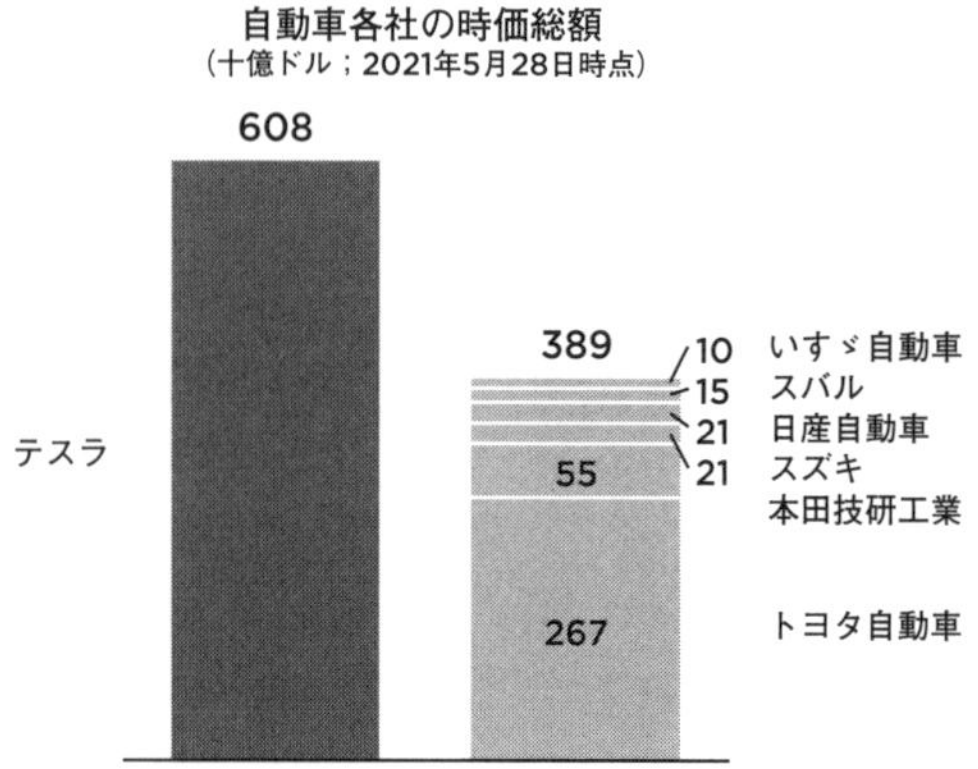


出所：Bloomberg, statista

図表 1-8 グローバル製造業シェア

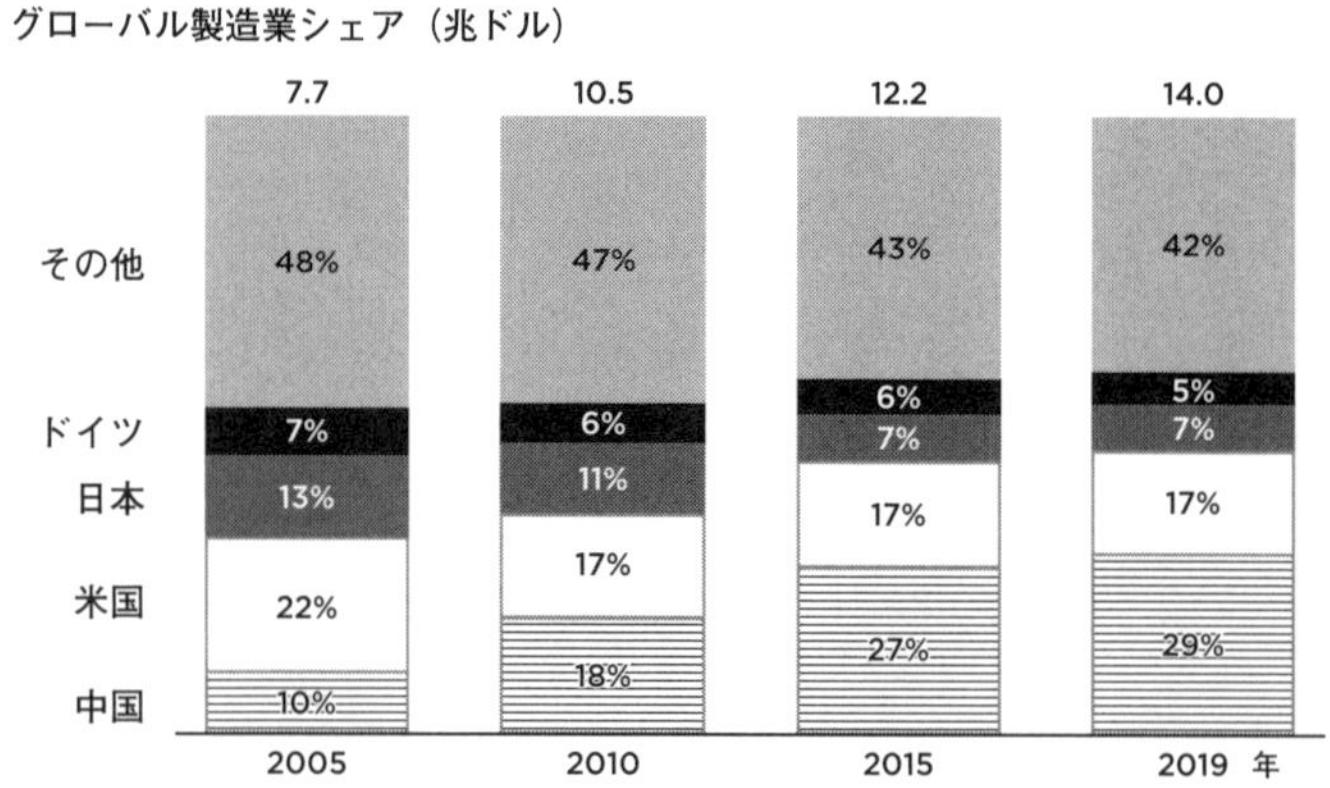


出所：United Nations Statistics Division

ら日本経済の未来への責任感を強く持ちつつ、ぜひチャレンジしてほしいと願っています。

## 小売業界も関係性構築が求められている

### 脱来店ビジネスモデル

いま小売業界では、店舗・消費者のエンゲージメントの再構築が起きています。顧客が店舗に来ることを前提にした戦いから、顧客の日常における接点をいかに押さえることができるかという戦いへと変貌しつつあるのです。

以前の小売業界における顧客の来店を前提にしたビジネスモデルにおいては、売り場、カウンター、棚、自動販売機、レジ、ショップアシスタントなど、来店する顧客に対する利便性をいかに高めるかが勝負でした。

現状では、eコマースの分野で圧倒的に先行する中国においても、スーパーマーケット市場でのeコマースの割合は2022年の予想で20〜30％程度（日本は10％以下）にとどまっています。依然として70〜80％と圧倒的にリアル店舗が占めている状況にあります（図表1－9）。

しかし、多くの売上がリアル店舗経由であるのだから、eコマースプレイヤーは大

**図表1-9** 食料品雑貨の実店舗は、採用するビジネスモデル/シナリオにかかわらず、依然として重要な位置づけを維持する

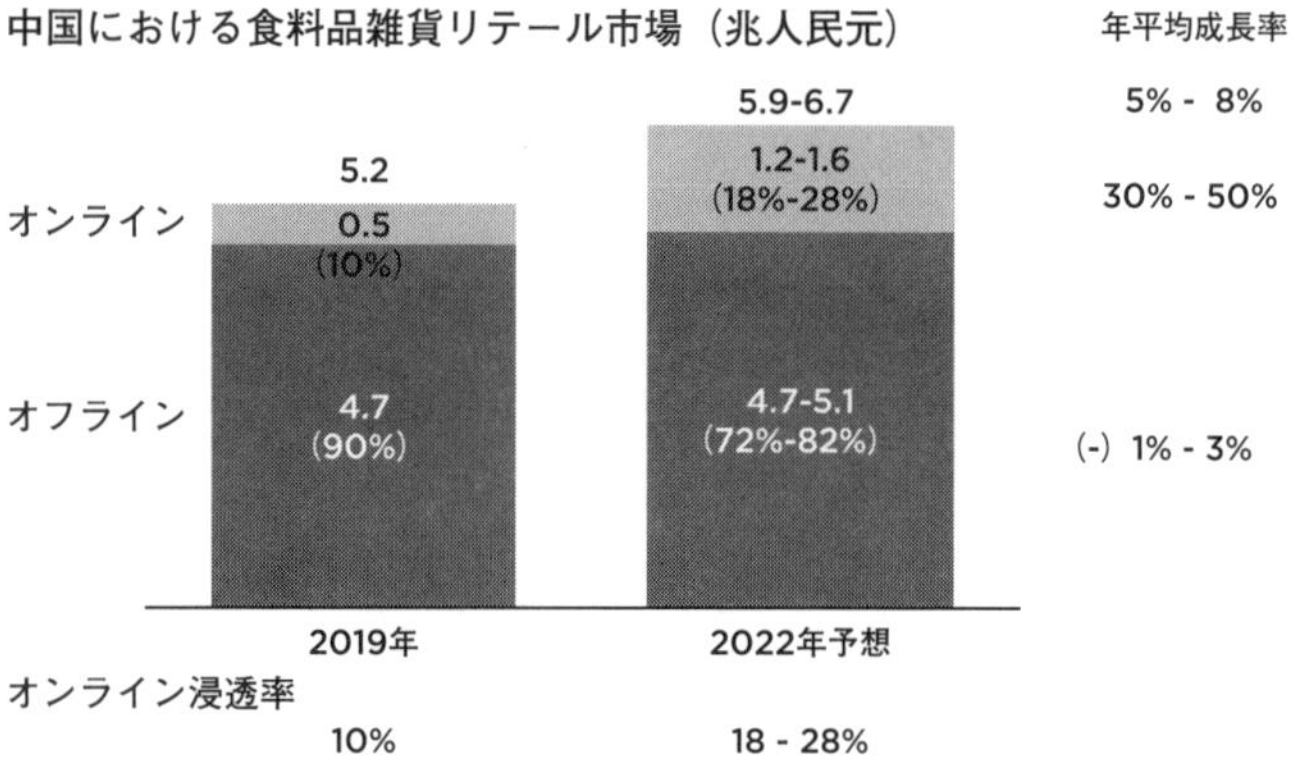


出所：専門家との面談、Euromonitor Internationalのレポートなどをもとにマッキンゼー作成

きな脅威ではない、いま起きている変化は単なるチャネルの問題だと考えるのは、大きな過ちです。

単なるチャネルの問題ではなく、「顧客のエンゲージメント」に関する問題であると考えないと、現状と将来を大きく見誤ってしまうことになります（図表1－10）。これは、前段で触れた広告業界における変革から得られる学びがぴったりと当てはまります。広告業界と同様に、デジタル化の進展はチャネルの問題を超えて、これからの小売業界の戦い方を大きく変えるものとなっていくでしょう。

**図表1-10　ニューリテールトランスフォーメーション：店舗・消費者のエンゲージメントの再構築**

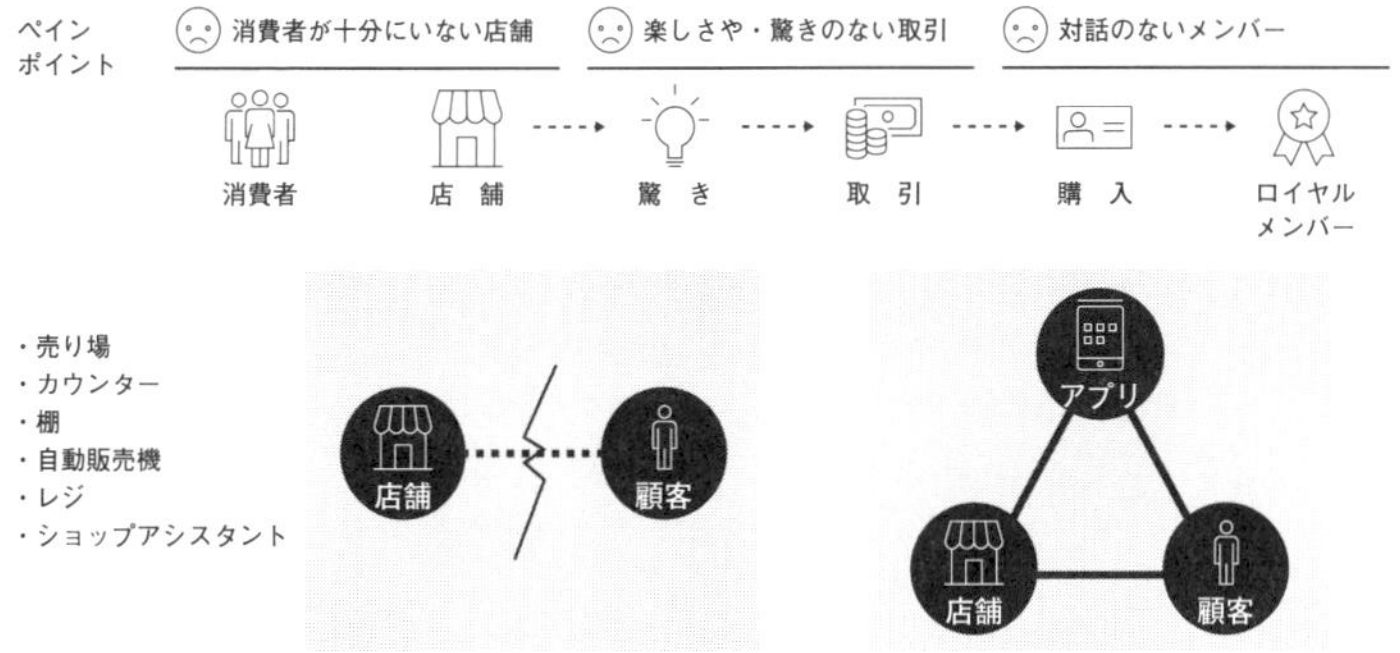


出所：マッキンゼー

## わがままになる消費者

これまでの買い物のあり方におけるペインポイント（消費者が十分にいない店舗、楽しさがない・驚きがない買い物、対話のない会員）を、デジタルは解消し、オンラインとオフラインでシームレスな顧客体験を提供することができるのです。

消費者はよりわがままになり、オンラインでの利便性をオフラインにも求めるようになっていき、さらには、オンラインとオフラインを組み合わせてより高い利便性を求めるようになっていきます。

このように、店舗・消費者のエンゲージメントを再構築するというのが本質であって、単なるeコマースというチャネルの話ではないということがおわかりい

**図表1-11**　グロサリーマーケットにおいて、オンとオフの壁を越えた利便性の戦いが起こる

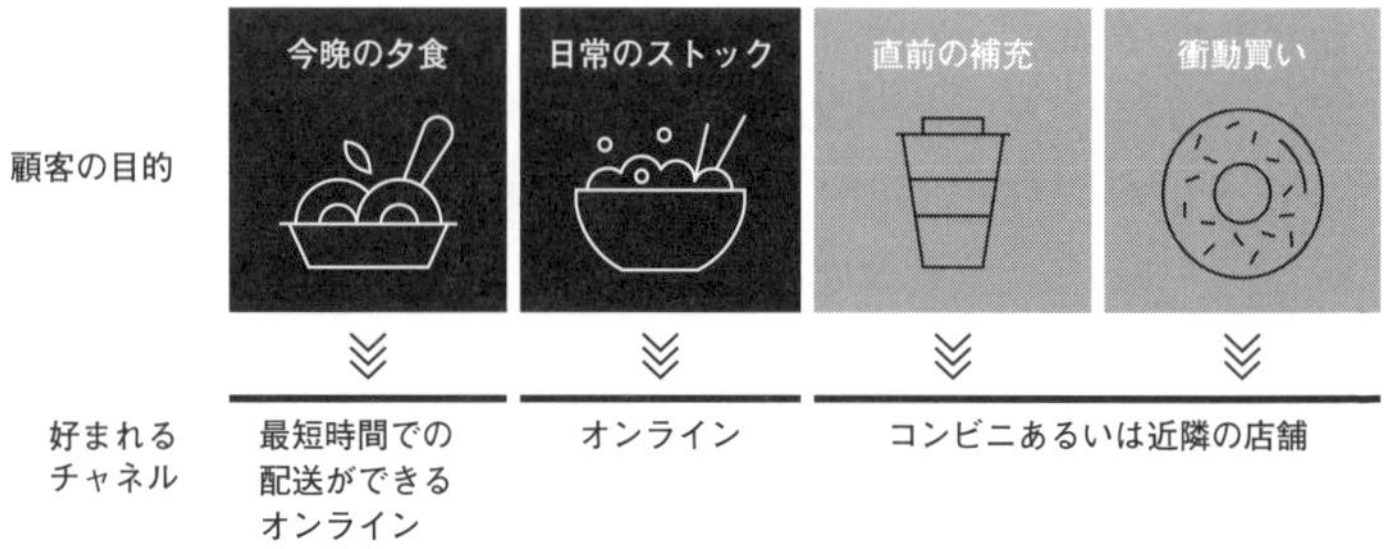


**47%** の Z 世代の中国人は移動中に（衝動的に）商品を購入する。この傾向は特に中国で高い（アジア他国で20~30%）

**36%** の Z 世代の中国人は予算があっても、その金額を超えて消費を行うことが多い

出所：マッキンゼー

ただけたのではないでしょうか。

　そしてこれからは、利用場面ごとに、オンラインとオフラインでのシームレスな利便性の戦いが始まります（図表1－11）。既に中国では、ストックアップ（1～2日の配送）や毎日の食事のための注文（3～4時間の配送）に加えて、衝動買い（1時間の配送）という領域においても、オンラインプレイヤーが入り込み始めており、コンビニ等の購買需要を奪い始めています。

　このように利用場面ごとの、

オンラインとオフラインのシームレスな戦いは、これからの日本でも起きることでしょう。そして、それぞれの利用場面において利便性で勝てないプレイヤーは、市場から徹底的に淘汰されていくのです。

## 接点を増やし関係性を強化する先行プレイヤー

こうして大きく変化する小売業界の中で、先行する小売プレイヤーも様々な取り組みを実施しています。

例えば、ウォルマートはいま、王道小売からデジタル企業へと変貌を遂げようとしています。利便性の高い支払い体験や普段使いできる利便性の高い機能によりアプリの導入を加速させたうえで、最大の資産である店舗を最大限活用した取り組みを進めているのです。

それは、アプリを軸にしたＢＯＰＩＳ（Buy Online Pick-up In Store）サービスの提供です。オンラインで注文したうえで、実店舗内の無人ロッカーやドライブスルーで商品の受け取りが可能なサービスを提供するとともに、アプリで簡単に返品手続きも可能ならくらく返品サービスも実施しています（図表1－12）。

こうして小売ならではの圧倒的な利便性を実現しつつ、その収益源として、収集し

**図表1-12　ウォルマートは小売事業で圧倒的な利便性提供、顧客データを活用して新たな収益の創造を目指す**

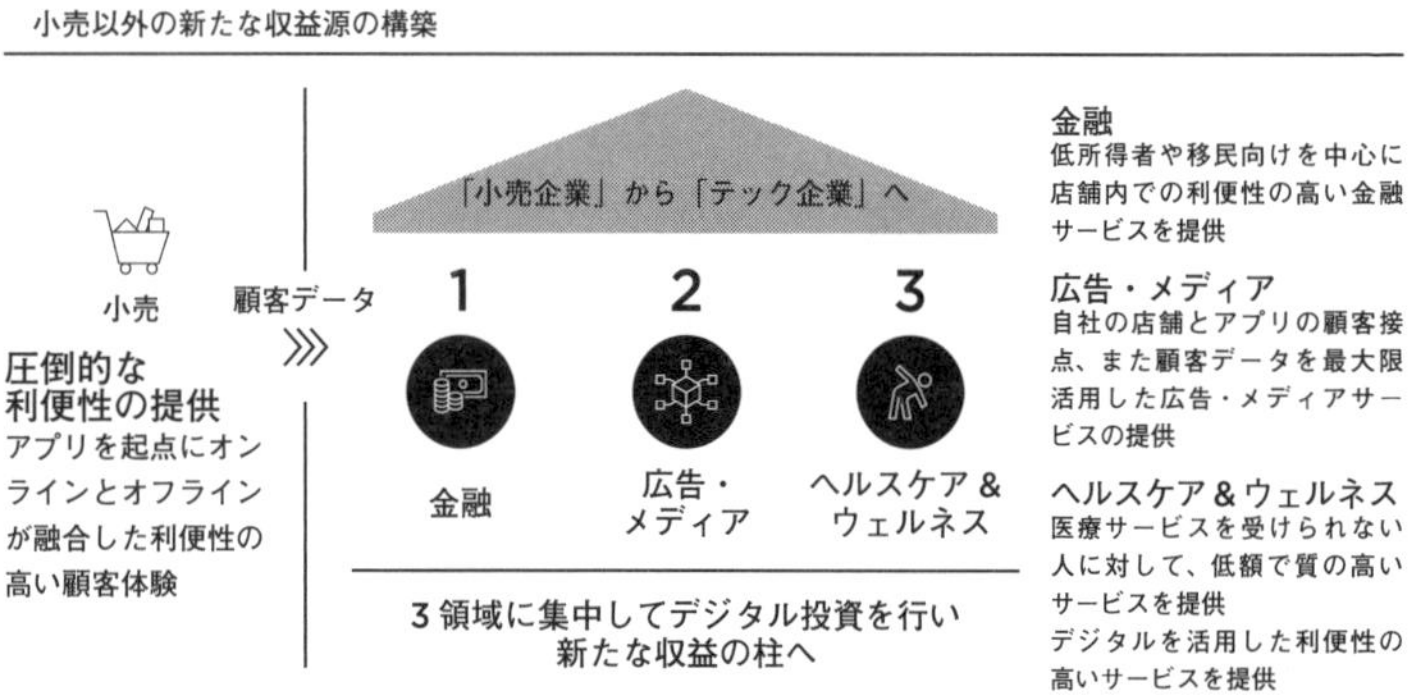
小売以外の新たな収益源の構築
小売
圧倒的な
利便性の提供
アプリを起点にオンラインとオフラインが融合した利便性の高い顧客体験
顧客データ
「小売企業」から「テック企業」へ
1
金融
2
広告・
メディア
3
ヘルスケア＆
ウェルネス
3領域に集中してデジタル投資を行い
新たな収益の柱へ
金融
低所得者や移民向けを中心に店舗内での利便性の高い金融サービスを提供
広告・メディア
自社の店舗とアプリの顧客接点、また顧客データを最大限活用した広告・メディアサービスの提供
ヘルスケア＆ウェルネス
医療サービスを受けられない人に対して、低額で質の高いサービスを提供
デジタルを活用した利便性の高いサービスを提供

出所：マッキンゼー

た顧客データを活用して金融・広告・ヘルスケアという新たな領域での収益の創造を目指しているのです。

また中国では、ニューリテールの代表格であるフーマ（盒馬）が、新たなスーパーマーケットの購買体験をオムニチャネルによって提供しています。ここでは店舗の3km圏内に住む顧客のウォレットシェアを最大化することを目標に、オフラインとオンラインを完全に統合した購買体験を提供しているのです。

同社では売上の50%以上をオンラインが占めるため、店舗の面積当たりの生産性が非常に高くなっています。また店舗の位置づけも、大きなキッチンというコンセプトであり、絞り込んだSKU（Stock Keeping Unit：商品の最小管理単位）で、生鮮品を中心により新鮮さやライブ体験を提供することで、顧客に安心感を提供しています。

店内のイートインのシーフードは、一般的なレストランと比べて安い価格というポジショニングをしており、また、標準的な商品はオンラインで注文してから30分以内に配送され、配送料は無料です。そして店舗の従業員は、来店した顧客だけではなく、地域に住む住民に対して効果的に来店や購入を促進するようなコミュニケーションを実施しているのです。

このような既存の小売プレイヤーを巻き込んでのデジタル領域での競争は、今後は日本でも拡大していくことでしょう。既に楽天がウォルマートと戦略的提携をしており、また楽天は投資会社KKRとともにウォルマートから西友株式の大半を取得しています。

今後は様々なプレイヤーが参入していき、最終的には地方のスーパーなども巻き込んでの勝負が繰り広げられるようになっていくはずです。そこでは、顧客の日常の接点を押さえて、圧倒的な利便性を提供することで、顧客のエンゲージメントをいかに高めることができるかが勝敗のカギを握ることとなるのです。

## エコシステム間の戦いへとシフトする金融サービス業界

### 決済手数料ビジネスモデルの終わり

続いて金融サービス業界における産業構造の変革について見ていきましょう。

まずB2C向けの金融サービスの世界は、フィンテック企業やエコシステムプレイヤーの参入により、決済や融資などの金融サービス単独で収益を上げる戦いから、エコシステム全体で収益を上げる戦いへと変貌しています（図表1－13）。

そこでは、決済により、新たな顧客を開拓するきっかけを作るとともに、得られたデータを通じてより顧客を理解し、幅広くカスタマイズした金融サービスを提供することで、顧客に対してよりエンゲージすることが重要になっているのです。

従来のように、決済手数料で収益を得るといったビジネスモデルとは大きく異なってきます。今後は、手数料収入が圧迫され、新たなビジネスモデルが求められていくようになります。そしてエコシステムを作るうえで非常に重要なのが、付加価値の高い決済データの収集なのです。

**図表1-13** フィンテック企業やエコシステムプレイヤーのトータルでの利益確保を前提にした競争により、利益がさらに圧迫される見込み

2025年の想定インパクト（推定値）

| リテール銀行商品の例 | 売上[1]％ | 利益[1]％ |
|---|---|---|
| 消費者金融 | -40 | -60 |
| 決　済 | -30 | -35 |
| 中小企業向けレンディング | -25 | -35 |
| 資産管理[2] | -15 | -30 |
| 住宅ローン | -10 | -20 |

ROE
インパクト：
-6ポイント

ネガティブ・シナリオ・シミュレーション：消費者金融エコノミクス
2025年売上（十億ドル）

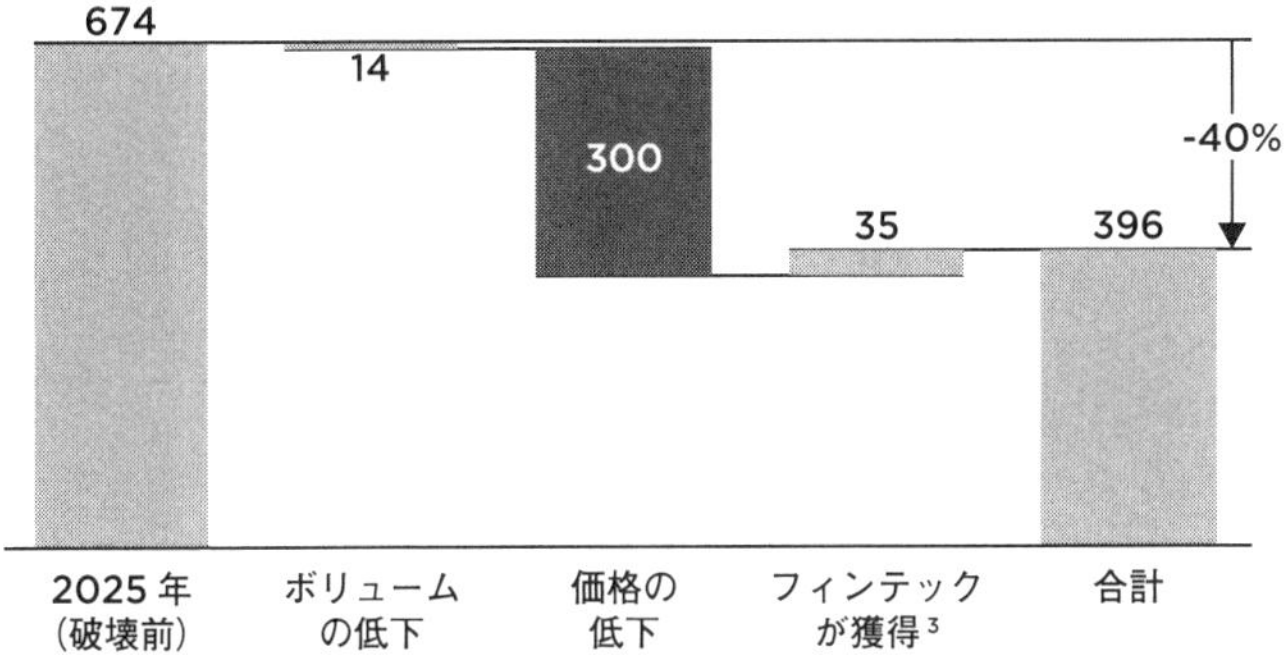


1. フィンテック等の影響を受けていない2025年の予測と比較。デジタル化による運用コスト削減の影響を含む。利益は税引き後。数字は四捨五入。
2. 預金を除く。
3. 銀行口座を持たないセグメントを含む。

出所：Panorama Global Banking Poolをもとにマッキンゼー作成

**図表 1-14** 中国は近未来の姿を映し出しており、消費者のほぼすべての利用場面においてクレジットカード以外のデジタル決済が主流

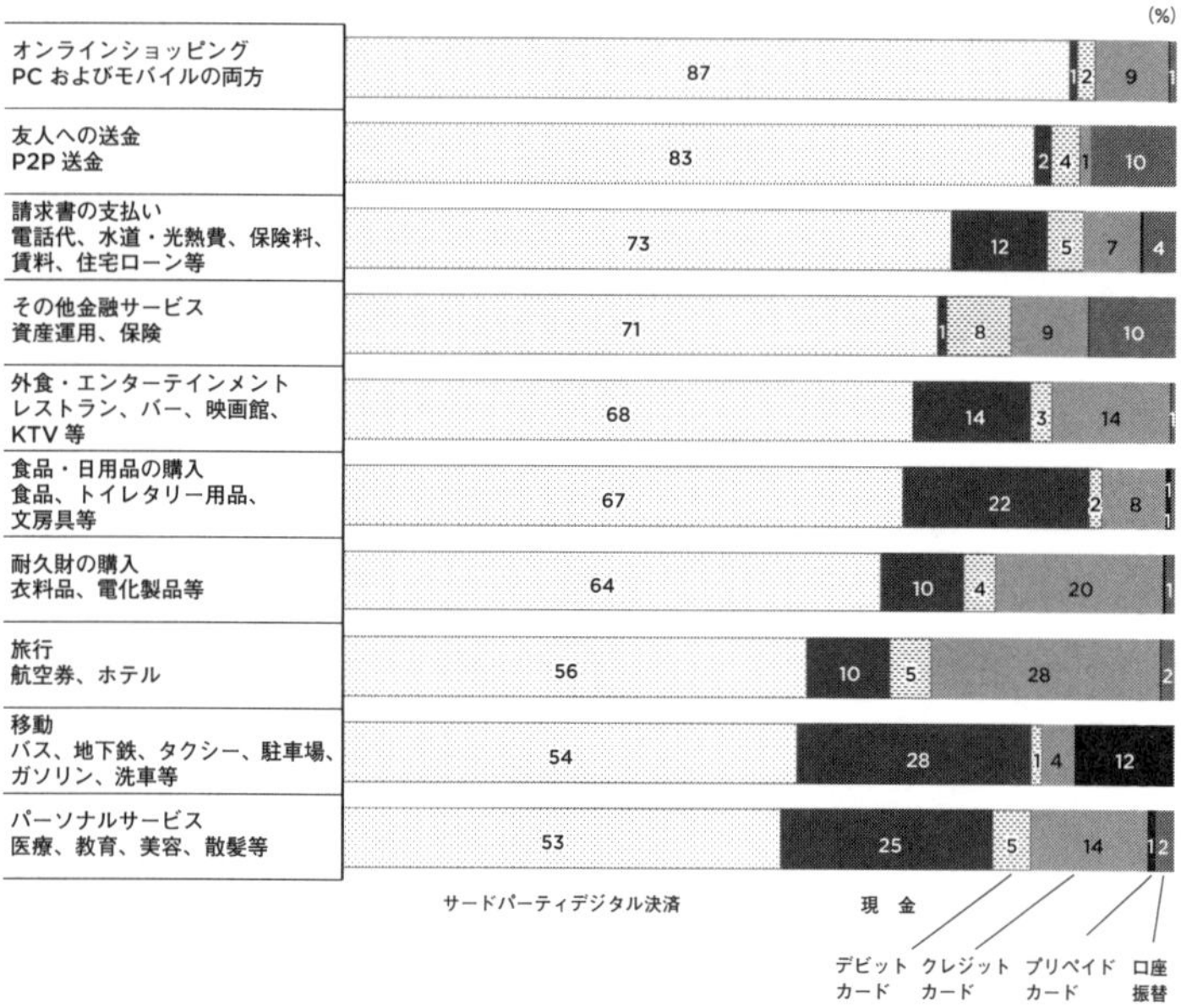


出所：マッキンゼー、コンシューマーサーベイ

図表1-15　年間の接点が多いことから、決済はエンゲージメントが高いエコシステムの基礎的な要素と見られる

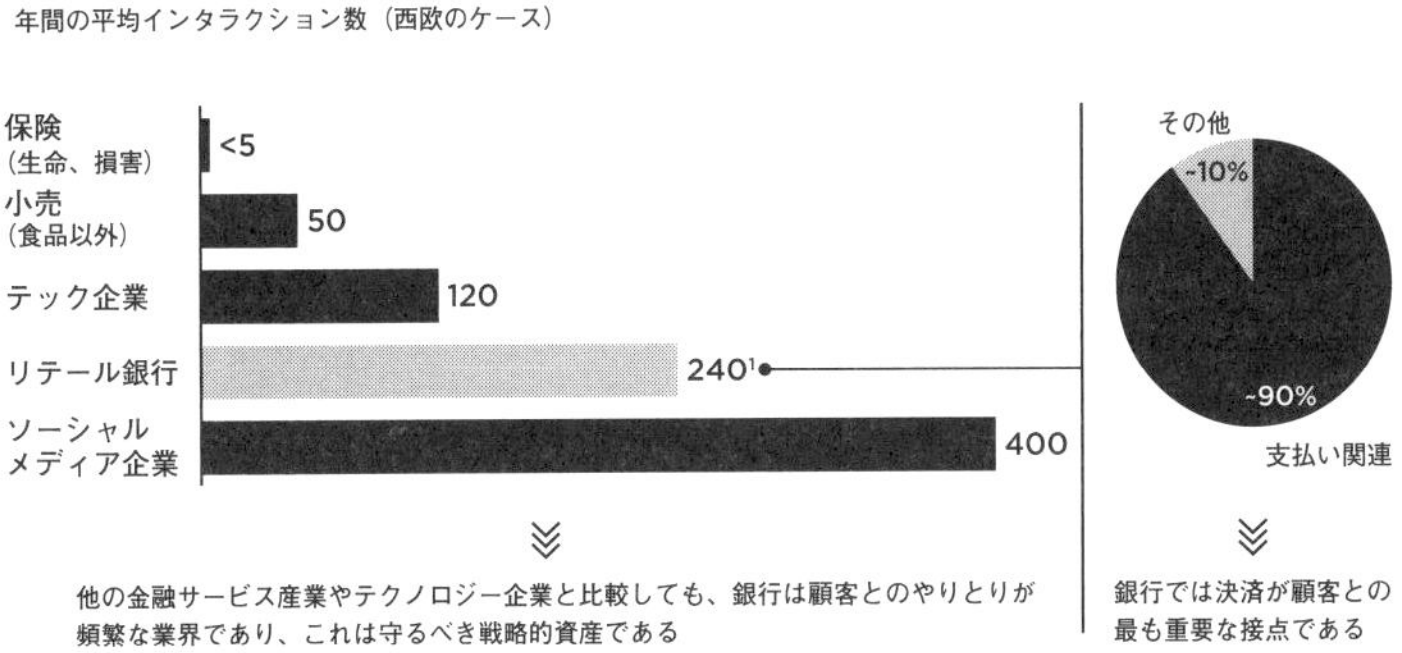


1. カード取引（約125）とその他の接点（約115）を含む。そのうちATMからの現金引き出しが約0-25、オンラインバンキングの支払い関連機能が約50

出所：マッキンゼー

## 中国に見る近未来のかたち

金融サービス業における近未来の姿を映し出しているのが中国です。同国では、消費者が決済を行うほぼすべての場面において、クレジットカード以外のデジタル決済が主流となっています（図表1―14）。

決済というのは、年間の接点が多いことから、顧客エンゲージメントが高いエコシステムを構築するうえでの非常に重要な機能となっています（図表1―15）。このような中で、中国のエコシステムプレイヤーたちは、決済をきっかけに顧客の囲い込み、独自のエコ

システムの構築をしているのです。

例えばアリババでは決済アプリ「アリペイ」を、エコシステムの中に顧客を囲い込むための重要な手段として位置づけています。同社では、決済で儲けるのではなく、決済で囲い込んだ顧客とデータをベースに、マーケティングサービスとeコマースのコミッションで収益を上げています。

## 国内でのエコシステム構築への動き

国内に目を向けると、2021年3月にソフトバンク傘下のZホールディングスが、LINEとの経営統合を発表したのが象徴的な出来事といえるでしょう。現状では重複するスマホ決済サービスは、2022年4月を目途に、国内ではLINE PayをPayPayへと統合する方針を打ち出しています。ソフトバンクは、100億円キャンペーンから始まり、PayPayを通じてエコシステムに入るきっかけを作っています。そしてその後、PayPayブランドを金融の様々なサービスへと展開し、顧客を定住化させることで、強固なエコシステムを構築しつつあるのです（図表1－16）。

ライバルである楽天も同様の発想で、楽天カードの加入に対して大きなポイントを付与することで、エコシステムに入るきっかけを促しながら、金融事業とグループ全

**図表1-16** ソフトバンクのエコシステムの確立へ向けた流れ

特定セグメント内でのエコシステムの確立

| | きっかけ | 定住化 | 収益化 |
|---|---|---|---|
| 考え方 | ・多数のキャンペーンを行い、サービス利用開始の「特別なきっかけ」を作り出す | ・顧客体験を徹底的に改善、インスピレーションを提供<br>・日常生活の接点を増やし顧客マインドシェアの確保 | ・外部パートナーの投資を引き出し、コア顧客へのアクセスを支援<br>・決済手数料の内製化<br>・顧客ジャーニー改善による顧客生涯価値増加 |
| 具体的な取り組み | ・PayPay を開始<br>・「100 億円キャンペーン」と題しポイント還元を行い利用者数拡大<br>・ソフトバンクモバイルから送客<br>・同時に加盟店開拓推進 | ・オンラインモール拡大<br>・C2C サービス（例：送金、割勘）<br>・グループ内外の様々なサービスと提携（例：Yahoo！ショッピング） | ・アプリを通じた広告を掲示、PayPay を通じた来店・決済に対して一定額を還元 |
| サービス事例 | PayPay | PayPay モール<br>PayPayPick up | |

出所：マッキンゼー

体でのエコシステムを構築しようとしています。また、金融事業においては、フィンテック事業間のクロスユースユーザー数やクロスユースユーザー率をKPI（重要業績評価指標）にして、決済を軸に確保した顧客のエンゲージメントを、経営の重点管理指標に置いています。

こうした流れは、小売企業やテック企業だけでなく、他の業界の金融サービス事業にも通じるものです。例えば自動車会社では、これまでは金融サービスであるローンやそれに派生したクレジットカードなどを提供することで収益を上げていました。しかし今後は、自動車業界が、モビリティサービスを提供していく中で、決済を通じてこれまでにない顧客との接点を構築し、顧客をより理解する機能を持つようになることを目指しています。例えば、モビリティサービスを利用した際のデータやシェアリングサービス利用時のデータなどを通じて、顧客を深く理解することで、顧客により利便性の高い商品やサービスを提供することができるようになるでしょう。

このように、金融サービス業界も、金融を超えて顧客を知る——つまり顧客との接点を創出してデータを取得することで、より顧客に近づき、顧客に適した競争優位性の高い商品やサービスを提供する勝負へとシフトしているのです。

## 関係性構築へ向かう広告業界

日本の広告業界は、長い歴史において、マスメディアの広告枠を販売するというビジネスモデルがベースとなっています。限られた枠の中で、いかに効果的な枠を押さえて、効率的に運用していくかという勝負でした。しかし、これらはあくまでアナログのメディアの世界だからこそ成り立っていたビジネスであり、デジタルの浸透によって激変することとなったのです。

## 図表1-17 ネット広告市場は20年の時間を経てテレビ市場を上回る規模へ

日本の広告市場規模の推移と内訳（百億円）

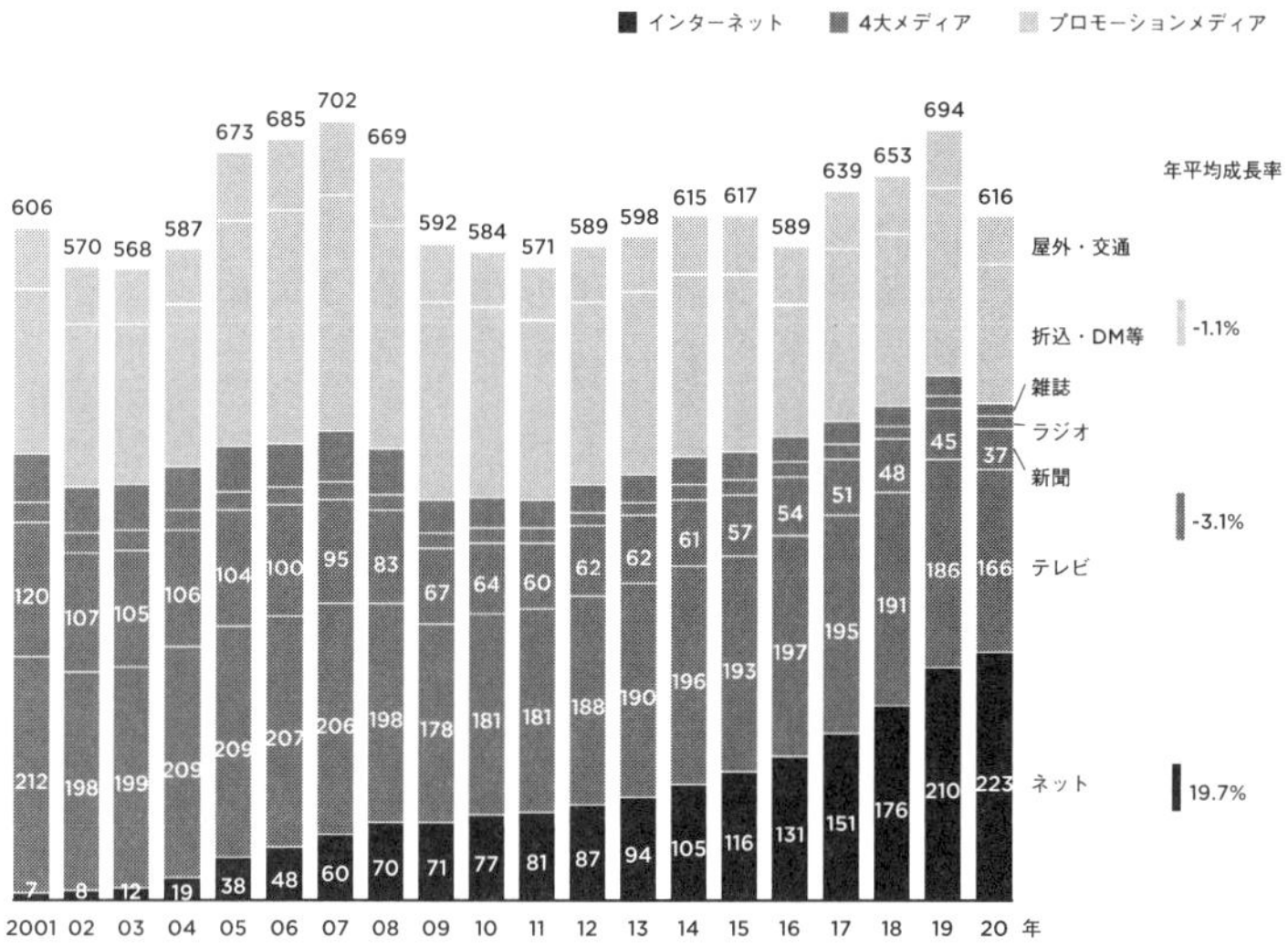


出所：電通のデータをもとにマッキンゼー作成

デジタル化によって、マス媒体以外でも多くのエンドユーザーにリーチできる場（人々が集まるオンライン・オフライン上のプラットフォーム）が生まれました。個々のエンドユーザーに対してパーソナライズされた最適なメッセージを、最適な場で、より低コストで届けられるようになりました。かつての広告は、効果はあるものの、どの施策が有効だったかは分からないものでした。デジタル化によって広告の効果は明確になり、いわば〝透明〟な世界が広がったのです。

これに伴い、広告業界に求められる価値も、かつての「限られた枠を確実に押さえて効果的に広告を提供する」から、「様々な場を効果的に組み合わせてエンドユーザーを効率的に獲得し、エンゲージ（関係性を構築）する」へと変化しています。

国内での産業構造の変化の兆しが表れたのは、Googleの日本法人が設立された2001年頃にさかのぼるといえるでしょう。その時点では、広告業界はGoogleのインターネット広告を、テレビ・雑誌・新聞などのマス媒体と並ぶ新しい媒体の誕生だと、既存の枠組みの中で捉えていました。

当時は、インターネットの広告市場は成長しても、サイズ的にマス媒体の広告市場への影響は限定的であり、この新しい媒体が既存の広告市場を大きく変革するとは誰も考えていなかったのです。実際にインターネット広告市場は成長しますが、10年後の2011年になってもテレビの半分程度の規模に過ぎませんでした（図表1－17）。

## 媒体価値の3つの変革

しかし、インターネット広告を、既存の業界構造の枠組みの中で捉えるこの考え方

図表1-18 デジタル化による媒体価値の変革

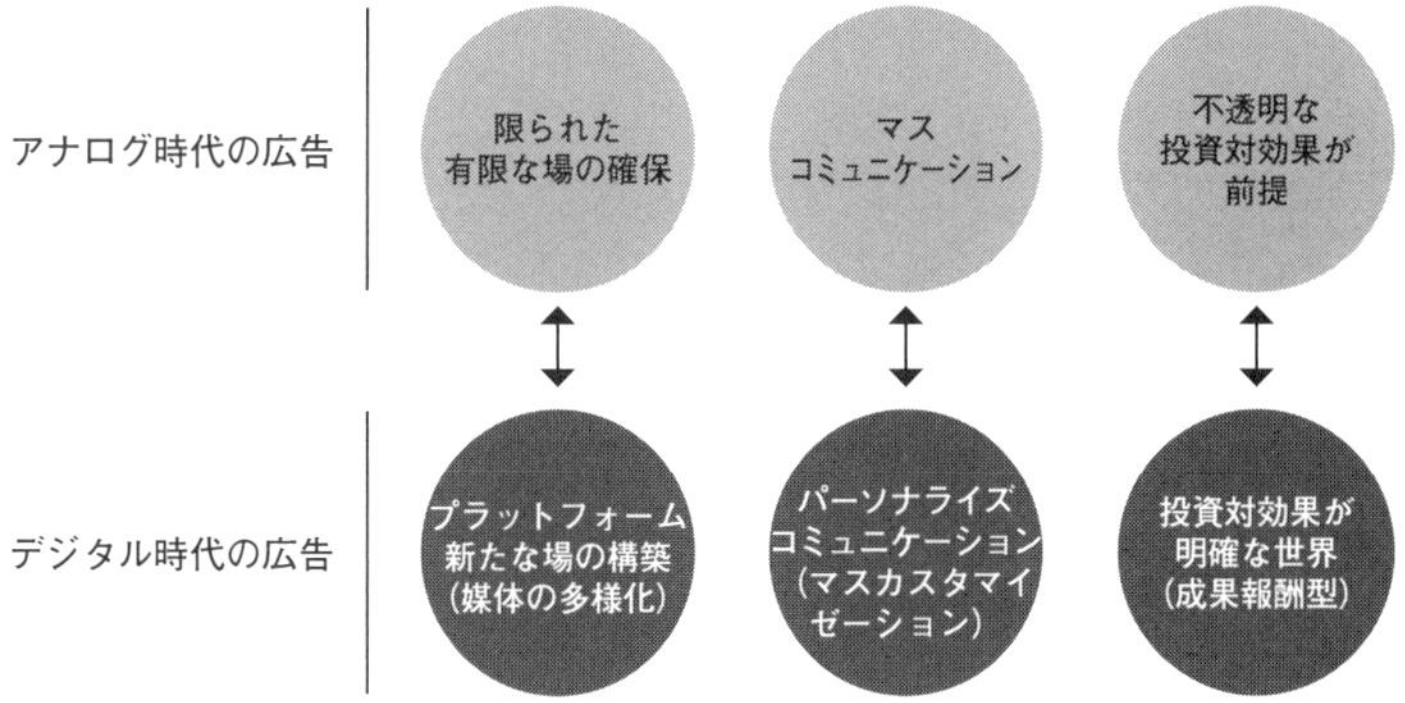


出所：マッキンゼー

は、大きな間違いであったことが後に判明します。GoogleやFacebook、NetflixやSpotifyといったプラットフォーマーの出現は、アナログからデジタルへの変化を通じた、媒体価値の抜本的な変革をもたらしました。媒体価値の変革は大きく3つの側面で現れます（図表1－18）。

## 媒体の多様化

まず1つ目の変革が、媒体の多様化です。これまで放送電波や幅広い販売店ネットワークなどのインフラを保有する限られた企業しか価値のある媒体を提供できなかったのが、人々が集まるプラットフォームを構築することができれば、誰もが価値のある媒体を提供可能になったのです。

後述しますが、ネット上のプラットフォームはもちろんですが、アナログ空間で人が集まる場を媒体と捉えたプラットフォームも生まれています。さらに、ネット上のプラットフォームは、国内だけでなく、海外からもアクセスすることが可能になりました。これにより、特定のニーズに絞り込んだコンテンツであっても、投資対効果に見合う、多くの人々にリーチできるようになりました。

2つ目は、マスカスタマイゼーションです。テクノロジーを活用することで、マスのエンドユーザーに対してもパーソナライズしたコンテンツやメッセージを提供するマスカスタマイゼーションが可能になります。個々の特性にあった広告を提供するというのはもちろんですが、それだけでなく、今後は、個々の好みにあった番組を提供するマルチエンディングなども、莫大な制作予算をバックに、一般的になってくることでしょう。一方で、ターゲットが明確ではないコンテンツはその価値を失っていくことになると考えます。

### 投資対効果の明確化

そして3つ目は、投資対効果の明確化です。エンドユーザーのコンテンツへの反応を、企業が容易に学習することができるようになりました。効果を最大化するために、個々のニーズや行動を先読みして、エンドユーザーが求めるモノを提供できるか否かが、より重要になってきます。エンドユーザーに寄り添うことのできない媒体は価値を失っていくでしょう。

## アナログ空間へと進出するデジタル広告

### 静止画から動画へ

はじめに、PCやモバイルのディスプレーの中で、文章や静止画を中心にプラットフォームが構築されました。これは、旧来のマスメディアである新聞や雑誌の市場を奪っていきました。その後、通信環境の発展に伴い、動画コンテンツが増えていき、CGM（Consumer Generated Media：消費者生成メディア）のプラットフォームも登場します。動画で、NetflixなどのOTT（Over-The-Top：インターネットを介した動画配信、音声通話、SNSなどを提供するサービスの総称）がプラットフォーマーとして台頭したことで、ケーブルテレビから視聴者を奪い始めています。

5Gの普及により、モバイルでもストレスフリーで動画を視聴できるようになることで、この流れはさらに加速することでしょう。そして、現在はPCやモバイルという枠を超えて、屋外広告・交通広告などのアナログ広告スペースも、デジタル化されてネットワーク化することで、1つのプラットフォームとなっています。例えば、2019年1月の旧正月を祝うために中国・青島で行われた大規模なイルミネーションでは、外壁にLEDが埋め込まれた超高層ビル53棟を使い、それらを連動させながら動画広告を流しています。また、英国や米国では、屋外広告をネットワーク化して、多くの人にリーチできる媒体として提供されています。

## ディスプレーから空間へ

今後は、これまで広告スペースではなかったものの、人が集まるアナログ空間である、自宅、自動車、小売店舗などが、アド・ネットワークでデジタル化されることで、新たなデジタル広告を提供するプラットフォームとなる流れにあります。

Google HomeやAmazon Echoなどの音声アシスタント付きAIスピーカーのようなデバイスがネットに接続されていき、また、テスラなどネットに接続されることを前提とした電気自動車なども普及し始めています。店舗内での顧客の行動もカメラやセンサーによってデータとしてリアルタイムで把握できるようになり、アナログ空間がデジタル空間に常時接続している状態になりつつあります。こうしたデジタル世界への接点となるリアルの世界のインターフェースを獲得できるかが、次のデジタル広告の戦いとなっていきます。

## 参入するのはプラットフォーマーだけではない

多くの人々が集まる場を提供する、プラットフォーマーと呼ばれる企業は、広告によって莫大な収益を得ています。米国におけるオンライン広告市場の実に60％が、GoogleとFacebookによって占められているほどです。

今後の広告市場には、ＧＡＦＡのようなプラットフォーマーのプレイヤーに加えて、小売企業であるウォルマート、またテスラなどの人が集まる場の接点を持つプレイヤーも参入してくることでしょう。

例えば、ウォルマートは広告市場への本格的な参入に向けて、２０１９年にアドテクノロジー（アドバタイジングテクノロジー）のスタートアップであるPolymorph Labsを買収し、広告入札ポータル、広告代理機能、アナリティクス機能を自社で保有するようになっているなど、デジタル広告の内製化を開始しています。多くの顧客が来店する店舗をメディアと見立て、アナログ空間のデジタル化を実施していく構えです。そして、現在GoogleやFacebookなどに独占されているデジタル広告市場を新たな収益源としていくと考えられます。

## 要となるアドテクノロジー

このようなデジタル広告の進化においてカギになるのが、自動的に広告枠をマッチングする仕組みである、プログラマティック・アドバタイジングテクノロジーです。このアドテクノロジーにより、様々な媒体をつなげて、最適な場・最適な価格で広告を出稿することができるようになっています。

例えば米国では、プログラマティック広告は非常に大きな成長を見せており、ネットでは86％以上、屋外広告でも80％以上は広告枠を自動で買い付けるプログラマティックバイイングとなるといわれています。そしてNetflixなどいわゆるＯＴＴにおいても、プログラマティックバイイングが浸透しており、データに基づいたリアルタイムの広告枠の自動買い付けが実施されています。

プログラマティック・アドバタイジングテクノロジーの進化により、これまでインターネットの中の世界でのみ行えたことが、リアルな空間でも可能となるわけです。今後、アナログ空間に多くのプラットフォームが生まれる中で、ますます注目される技術となると考えます。

規制に守られた媒体枠を販売し、広く伝えることを価値としていた広告業界は、この20年の間に、デジタル空間とアナログ空間の両方へ世界を広げました。新たに人の集まる場を組み合わせ、個々の顧客の購買意思決定に影響を及ぼすことを価値とする業界へと産業構造を変化させたわけです。

ここまで、製造業、小売業、金融業、広告・メディアの一部を例にＤＸがもたらす産業構造の変化をみてきましたが、これ以外にもＤＸが与えるインパクトの例は枚挙にいとまがありません。

デジタルはあらゆる前提を変える力を持ちます。そして、デジタル技術は加速度的に進化していきます。だからこそ、デジタルを武器にできるかどうかが、企業の生き残りを左右します。では、あなたの企業はＤＸで何を目指すべきでしょうか。次章では、この「Ｗｈａｔ？」の問いに答えていきます。

# 第2章

# DXで何を目指すのか

What?

## DXは従来型の業務改善とは異なる

繰り返しになりますが、DX（デジタル・トランスフォーメーション）は、「効率化」や「品質向上」などといった従来の業務改善系の試みとは基本的に大きく異なることを忘れてはいけません。

DXとは、企業変革そのものです。従来のビジネスのあり方はもちろん、企業の文化そのものの変革まで踏み込むことが求められる取り組みです。そのため、自社がどのような企業に変わるべきなのか、何を目指していくのか、戦略を明確に描いて、その戦略のもとで全社を挙げてドラスティックにDXを推し進めていくことが必要です。

しかし、それを十分に理解せずに、DXで何を目指すのかを曖昧なまま進めてしまった結果、期待したような効果を得られないままというケースも多々見られます。1200社以上のサーベイ結果からも、DXの成功を阻害する要因が明確に見えてきました。不明瞭な戦略、組織ケイパビリティの欠如、マネジメントでの考え方の不一致など、それらはいずれもテクノロジーの問題ではなく、マネジメントあるいは組織文化に起因する問題である点に、注目すべきでしょう。

ではここで、思ったようにＤＸを進めることができない企業に共通して見られる、典型的な3つの〝症状〟を紹介しましょう。

## ＤＸを阻む3つの症状

### 症状1　現場主義の偏重

経営者の方々から、「ウチでは、各現場がデジタル活用を進めており、成果が出始めている」という言葉を聞くことが少なくありません。現場主導で新しいテクノロジーの活用を進め、業務を変えていくこと自体は素晴らしいことです。デジタル化というのは各業務での効率化やコスト削減に効果のある手段であることは間違いありません。

一方で、現行の事業を前提に、単なるコスト削減や効率化を現場からのボトムアップによって進めるだけでは、事業環境の変化に対応しきれないのも事実です。

企業変革であるＤＸにおいては、新たな顧客への価値提供や、事業のあり方の見直しが必要となってきます。どれぐらいまで現状を変えていくのか、変革を通じて顧客に対してどのような価値を提供していくのか、また、どの程度のインパクトを創出するのか――そうした戦略を経営層が明確に示すことができなければ、いくら現場が多

**図表 2-1** 成功しているデジタル変革はアジャイルに動いている

自組織のデジタル変革について最も当てはまると答えた回答者の割合[1]

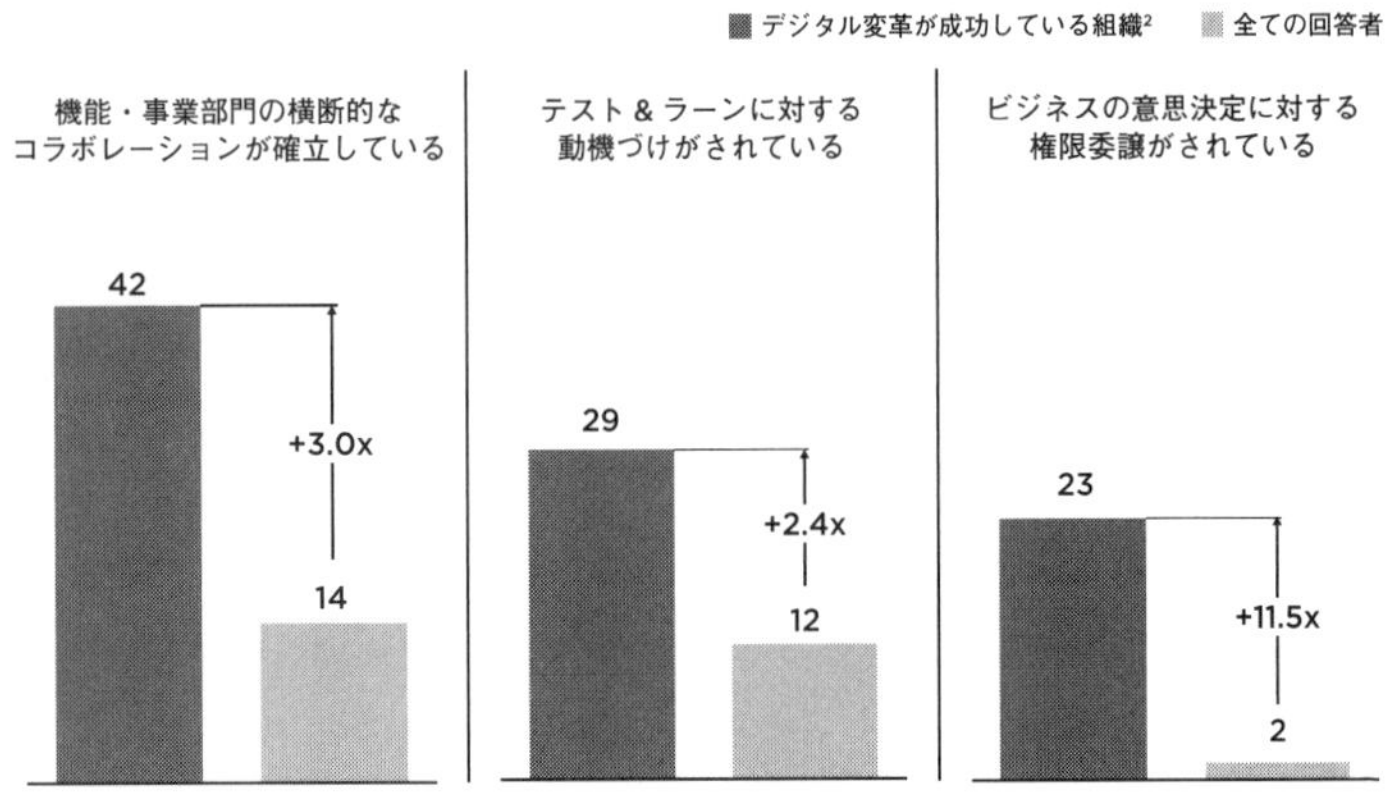


1. 「当てはまる」「当てはまらない」「まったく当てはまらない」「不明」と答えた人を除く。変革が成功したと答えた人数, n = 225; その他全ての回答者, n = 1,136
2. 業績が向上し、その改善を維持するための組織改革も非常に成功、あるいは完了したと回答

出所：マッキンゼー

くの時間を使い、様々なアイデアを出して実行したとしても、小さな変革あるいは従来の業務改善などの延長線上の取り組みで終わってしまうことでしょう。「DXにおいて現場を重んじる」ことは正しいことですが、「DXを現場に丸投げする」は大きな過ちです。

そのため、経営層がビジョンを示し、現場との間で共有することがより大事になってくるのです。〝羅針盤〟となるような大きな方針をトップマネジメントが打ち出さなければ、現場は目指すべき方向に向かって動くことはできないでしょう。

それと同時に、実行エンジンとなる現場も、ただ上の指示に従うのではなく、主体性を持ってリーダーシップを発揮しなければ、DXは絶対に成功しないと言っても過言ではありません。つまり、トップダウンとボトムアップの両方がうまくかみ合っていくことが、DXを成功に導くために非常に重要であり、双方の意思疎通と連携、情報共有がないとDXはうまくいかないものなのです。

それゆえ、多くの場合、組織構造にまでメスを入れる必要性も生じてくるでしょう。CEOにごく近いところにあって、司令塔として強力にDXを進める組織も必要です。同時に既存の縦割りな組織の壁を越えて、様々な機能を持ったチームが「抜本的にプロセスを見直し、生産性をX倍にする」「顧客に対して全く新しい付加価値を提供する」「従来の事業領域にとらわれない、新たな事業を創出する」といった共通の目的に向けて、デジタルを活用したアジャイルなかたちでものごとを進められるような体制づくりが、DXには欠かせません（図表2－1）。

## 症状2　CDO・CIO・専門家に頼り切り

DXとは、企業変革そのものです。そのためCDO（Chief Digital Officer：最高デジタル責任者）のような変革推進の責任者をアサインすることはもちろん大事ですが、CEOそして各事業部門のトップがCDOに任せ切り、頼り切りになっていたのではDX推進に危険信号が点滅してしまいます。経営層から「ウチはデジタルのことはCDOに任せているから」「ウチはITが頑張ってくれているから」という言葉が聞こえてきたら危険信号です。

デジタルという新たな武器で、従来の企業の制約にとらわれず、業界・企業として向かうべき方向性について見識を持っている人材をDXの推進役として据えることは重要なことです。そうした人材は日本企業において、なかなか内部にいないことが多いでしょう。内部登用ではなく、外部から招聘することも選択肢の1つでしょう。

ただし、肝心なことは、CDOなどのリーダーが孤軍奮闘している状況にせず、事業責任者が一体となって取り組む環境を作ることです。例えば、CDOを外部から招聘しDXを推進するとしても、CEOやCOOが強いスポンサーとしてCDOを支援し、事業部門を大きく動かせる環境を用意することが必要です。

テクノロジーをどう活用すれば、どのようなインパクトを出せるのか、そしてそのためには誰をどう動かせばいいのか――これらの点をしっかりと理解している企業こそが、DXをうまく進めていくことができるのです。

そのためには、外の世界でＤＸが効果をあげているケースを上手に吸収することも効果的です。外部の事例を自社に当てはめた場合に、誰をどう動かせばうまくいくのか、ＤＸの目標はどのように設定するのか、そしてその目標は果たして正しいのか。こういった議論を、経営層を巻き込んで進めることができるか否かで、ＤＸの行方は大きく変わってくることでしょう。

つまり、キーパーソンがいて、その人材がフルに力を発揮できる体制が築かれていなければ、変革は不可能なのです。そしてキーパーソンが活躍するためには、人と資金を動かすことのできる経営層のコミットメントが欠かせません（図表２－２）。本来であれば経営層自らがＤＸのキーパーソンとなるのが理想ですが、それが難しいのも正直なところです。だからこそ、自社のＤＸをリードする次世代のリーダーを社外からでも見つけ、招聘することが必要となってくるのです。

では、ＤＸを担う次世代のリーダーにはどのような人材がふさわしいのでしょうか。詳細は第４章で述べますが、とりわけ大事なのは、組織を超えて人々を巻き込むことができる「巻き込み力」のある人です。

巻き込み力がある人とは、誰を、あるいはどの組織を動かせばうまくいきそうか、ということを熟知している人ともいえます。巻き込む対象は、既存事業にとどまりま

**図表 2-2** デジタル変革を推進するためにベストな人材を配置

自組織のデジタル変革について最も当てはまると答えた回答者の割合[1]

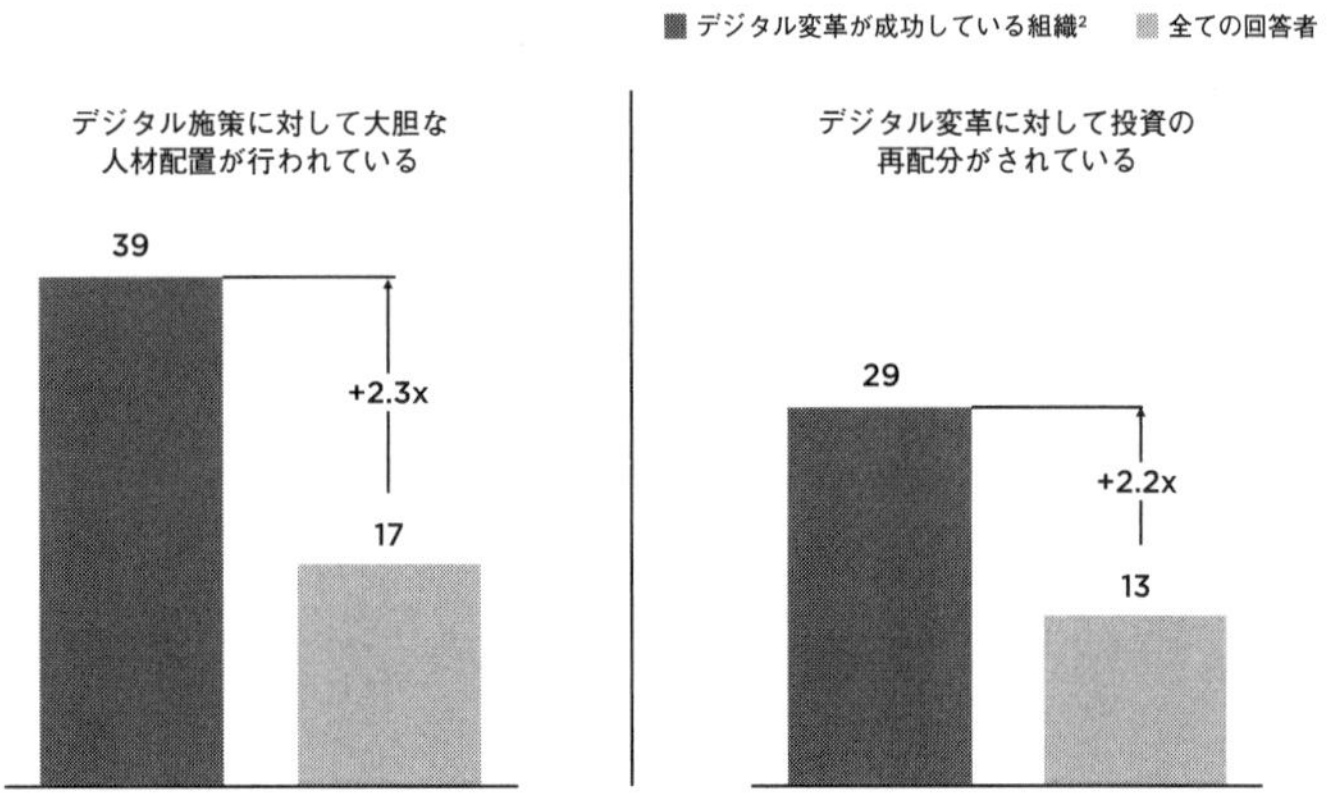


1.「当てはまる」「当てはまらない」「まったく当てはまらない」「不明」と答えた人を除く。変革が成功したと答えた人数, n = 225; その他全ての回答者, n = 1,136
2. 業績が向上し、その改善を維持するための組織改革も非常に成功、あるいは完了したと回答

出所：マッキンゼー

せん。スタートアップであったり、研究機関であったり、場合によっては競合他社のデジタル担当者かもしれません。自社で完結させることなく、組織の枠を超えてあらゆる世界の人々を巻き込んでいくことで、外の世界からも新しい情報が自然に次々と入ってくるような、オープンイノベーション的な発想と実行力のある人材が次世代のリーダーには求められるのです。

また、新しいものごとへの興味や関心を抱くことのできる好奇心や先進性、さらには既存事業のままではやがて立ち行かなくなるという危機感も欠かせないでしょう。これらを兼ね備えた人材であるならば、特に最新テクノロジーに詳しくなくても、自社のビジネスすべてを経験していなくても構いません。「花形の営業部出身」「経営企画室に10年在籍していた」といった、従来のビジネスを進めるうえで重視していた人材登用の条件は無視してよいでしょう。

### 症状3 〝レガシーからの脱却〟が目的化

経済産業省が「DXレポート ～ITシステム『2025年の崖』の克服とDXの本格的な展開～」（以下、「2020年の崖レポート」）※1において「レガシーから脱却せよ」と提唱しているように、日本企業の間で根強く使われ続けているレガシーシステム（旧来のコンピューターシステム）がDXの足枷になっています。このレガシーからの脱却が急務なのは間違いありません。しかしその一方で、既存のレガシーシステムからの刷新それ自体を目的化してしまい、DXの本質ともいえる事業インパクトについては二の次、三の次になっているといった、本末転倒な状況が散見されるのも事実です。「DXのためにはとにかくERP（統合基幹業務システム）の刷新が必要だから進めよう」「これからの時代はクラウドシフトが必要だから進めよう」といったキーワードが目立ち始めたら要注意です。

大きな投資をしてシステムをリニューアルすることがＤＸの中心になっているということは、ＤＸがＩＴ主導になっており、ビジネス主導になっていないことの証左といえるでしょう。

※１　経済産業省が２０１８年9月に発表した「ＤＸレポート～ＩＴシステム『２０２５年の崖』の克服とＤＸの本格的な展開～」。「複雑化・老朽化・ブラックボックス化した既存システムが残存した場合、２０２５年までに予想されるＩＴ人材の引退やサポート終了等によるリスクの高まり等に伴う経済損失は、２０２５年以降、最大12兆円／年（現在の約3倍）にのぼる可能性がある」とされている。
https://www.meti.go.jp/shingikai/mono_info_service/digital_transformation/pdf/20180907_03.pdf

## 企業戦略の再定義こそがＤＸの〝Ｗｈａｔ〟

ＤＸがうまく進められない企業に特有の〝3つの症状〟。この裏返しの面も多々ありますが、続いてＤＸを成功に導くために押さえておくべき事柄について解説していきましょう。

経営層がビジョン、戦略を示すことが重要だと述べました。ここでいう戦略とは、従来の企業戦略を根本的に見直すほどのものです。つまり企業戦略の再定義こそが、DXで求められる〝What〟です（図表2－3）。

では、経営層はどのような目標を設定し、企業戦略を再定義していくべきでしょうか。

まず、産業構造の変化という世界的な潮流をしっかりと理解し受け入れることです。そのうえで、5年後さらには10年後に、産業構造がどのように変化していくのかをしっかりと見据え、そうした変化の中で競合他社はもちろん、新規に参入してくるであろうプレイヤーの動向を予測することが必要です。

## 顧客ニーズ＆自社提供価値の再定義

顧客ニーズの再定義や自社提供価値の再定義も行わなければいけません。昨今の顧客ニーズの動向を踏まえても、今後はデジタル体験に対する要求レベルがますます高まっていくことでしょう。顧客に提供する価値というのは、従来のような物量や時間に基づく価値から、本質的な価値へと転換していくことが求められてくるのです。

他にも提供する価値として重きを置くべき要素に、DXとあわせて世界的な潮流で

**図表2-3　DXで定義すべきWhatは、企業戦略の再定義**

| | |
|---|---|
| 産業構造の変化 | 5年後・10年後にどのような産業構造変化があるか<br>競合および新規参入プレイヤーの動向の予測 |
| 顧客ニーズの再定義／<br>自社提供価値の再定義 | デジタル体験に対する要求レベルの高まり<br>物量・時間から本質の価値への転換<br>SDGs・ESG経営の流れ |
| ビジネスモデルの再定義 | 顧客ニーズの変化に合わせたゼロベースでプロセス再構築<br>・バリューチェーンのどこで勝負するか：<br>　スマイルカーブの上下流への転換<br>・他社とのエコシステム・共創 |
| 経営層の役割の再定義 | 管理から意思決定へ<br>高い目標設定とPLインパクト |
| 推進体制と組織能力の再定義 | 消費者志向<br>アジャイル・課題解決型人材へ<br>デジタル・AIの使い手<br>従業員満足度 |

出所：マッキンゼー

あるＳＤＧｓ（持続可能な開発目標）やＥＳＧ（環境・社会・ガバナンス）も視野に入れなければならないでしょう。ＳＤＧｓは数値目標になりにくいので、デジタル化と直接紐づけると目標設定するのが非常に難しくなるのも事実です。それでもなお、これからの顧客ニーズさらには社会的なニーズの変化を踏まえると、これらが非常に大きな要素となってくることは間違いありません。

そのため、ＳＤＧｓやＥＳＧを経営の流れの中で重要ファクターとなることを前提として捉えて、将来的に自社が提供する価値を再定義していくことは、たとえ困難であってもいずれ乗り越えるべき課題です。

そこまで考慮に入れず、現状路線を踏襲したままで顧客ニーズや自社提供価値の再定義を行うのであれば、DXの行方も厳しいものとなることでしょう。とはいえ、SDGs・ESGにとらわれすぎる必要はないので、考えられる将来的な顧客ニーズや社会の価値観の変化を踏まえて、企業戦略を再定義してみてはいかがでしょうか。

## ビジネスモデルの再定義

### スマイルカーブ

顧客ニーズの変化に合わせたビジネスモデルの再定義も必要です。そこでは、まずはゼロベースで自社のバリューを生み出すプロセスを再構築していくことになります。

従来の製造業のように、機器製造を中心としたバリューチェーンでは、なかなか利益が生み出しにくくなっているのが現状です。

製造業においては、バリューチェーン上の利益の構造が（図表2-4）で示すような「スマイルカーブ」になっています。川上の「設計・デザイン」、川下の「EC販売・サービス」、そして中間の「機器製造」というバリューチェーンを考えたとき、

図表2-4 ビジネスモデルの再定義：スマイルカーブ

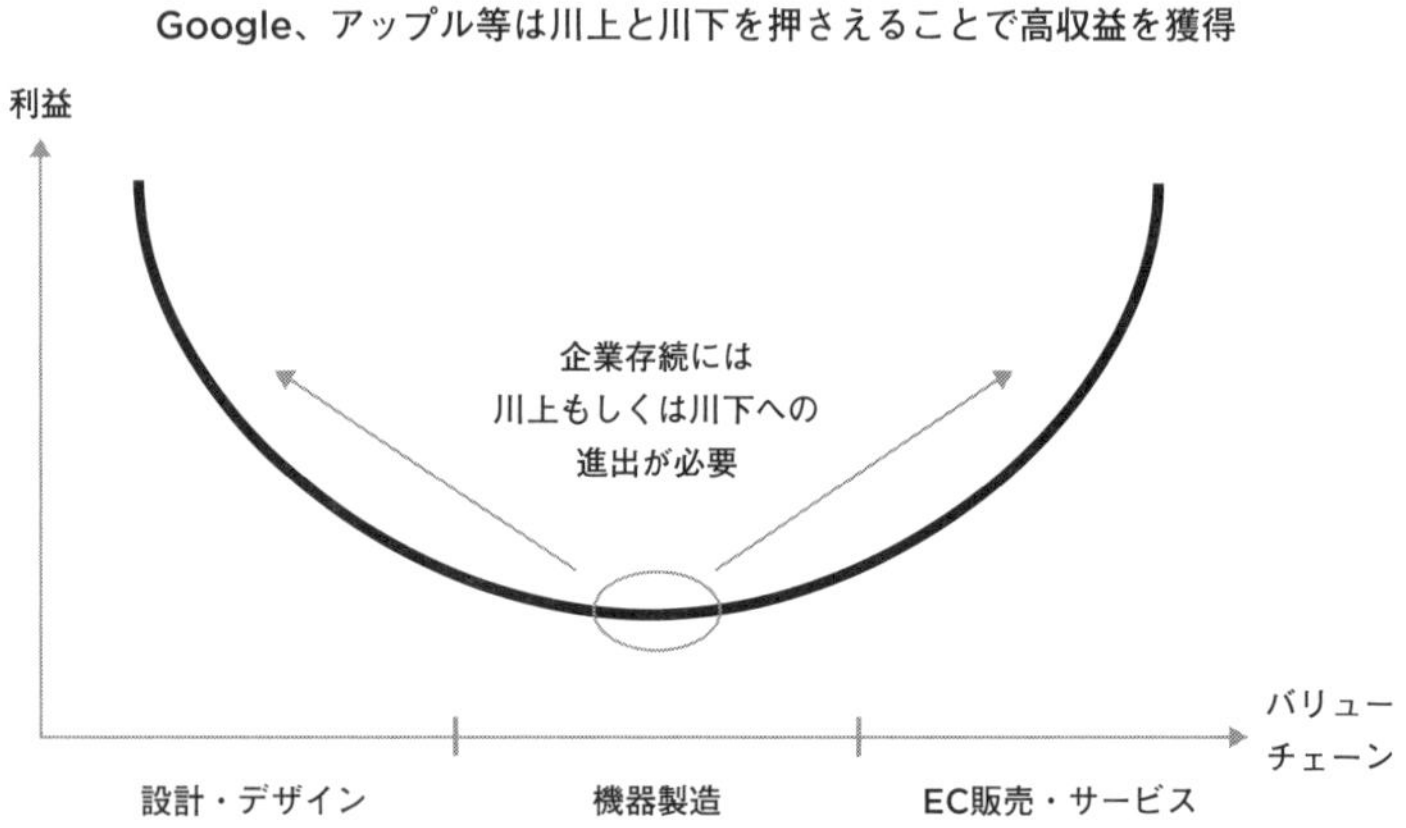


出所：企業ウェブサイトをもとにマッキンゼー作成

川上もしくは川下への進出が、これからの企業存続のためのビジネスモデルには必須といえます。

この場合、川上では従来にはなかったようなＵＸ（ユーザーエクスペリエンス）を提供するプロダクトやサービスなど、もしくは多種多様なプロダクトやサービスを提供するプラットフォームによるビジネスモデルの確立を、川下ではサブスクリプションモデル等により継続的に利益を上げ続けることができるようなビジネスモデルを創出していくことが考えられます。

例えば、Googleやアップルといった世界的なデジタル企業では川上と川下の双方を押さえることで高収益を上げています。また、マイクロソフトやインテル、アマゾン、ヤフーといった他のDX先進企業もまた、バリューチェーンの川上もしくは川下を大きな収益源としているのです。

また、代表的な製造業である自動車業界において、バリューチェーンのスマイルカーブを大きく変えた典型的な企業としてテスラが挙げられます。同社は、常に顧客と直接つながりながら価値を提供することに重きを置いており、自動車という〝モノ〟を売って終わりではなく、その時々に顧客にとって必要となるサービスをソフトウェアで提供し続けていくというビジネスモデルを確立しました。こうしてGAFAなどと同様にバリューチェーンの川上と川下を掌握することに成功しているのです。

## エコシステム・共創

デジタル化が進展した世界となったことで、顧客（ユーザー）はかつてなかったような様々な経験をすることができるようになりました。それは言い方を変えれば、消費者の「わがまま」が加速しているということでもあり、そうした消費者の多種多様なニーズに対して、複数の接点からサービスを提供できるようにならなければ企業の競争力は失われていくことでしょう。そこで将来にわたり強みを発揮し続けて勝ち

## 図表2-5 ビジネスモデルの再定義：エコシステム・共創

### COVID-19によるNext Normal

| | |
|---|---|
| 消費者の「わがまま化」の加速 | ・「リアル」から「デジタル、非対面」へ<br>・「大量生産」から「個人向けカスタマイズ」へ<br>・「モノ」から、「コトやサービス」へ |
| 勝者と敗者の格差の広がり | ・旧型企業の収益性悪化<br>・デジタル化企業の収益性向上<br>・エコシステム・プラットフォーマーの台頭 |
| 「サステナビリティ」に対する企業の責任増大 | ・「所有」から「共有」へ<br>・「消費」から「循環・再生」へ<br>・「利益追求」から「SDGs・ESG経営」へ |

### エコシステムに乗れない企業は自然淘汰されていく可能性も

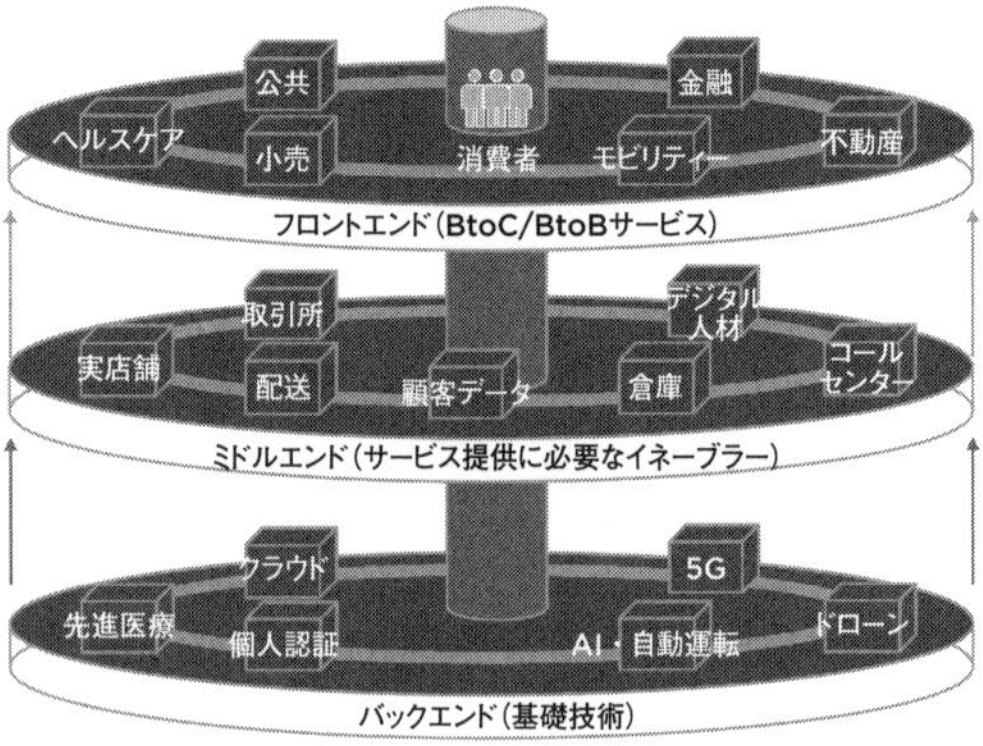


出所：企業ウェブサイトをもとにマッキンゼー作成

残っていくためのポイントとなるのが、いかに「エコシステム」(図表2－5)に乗るかということです。

顧客に対してB2C／B2Bサービスを提供する「フロントエンド」、実店舗や顧客データ、デジタル人材、コールセンターといった、様々なサービス提供に必要となるイネーブラーの「ミドルエンド」、そしてクラウドや先進医療、5G、AI・自動運転など基礎技術となる「バックエンド」――これらすべてを高いレベルで自社のみがカバーすることはもはや不可能でしょう。

そこで、それぞれに強みを持った複数の企業と共創し、エコシステムを構築することがこれからのビジネスモデルの再定義において最大の課題の1つとなってきます。例えば、トヨタとソフトバンクのMaaSに関する戦略的提携などがエコシステム形成の典型的なケースです。

そうして将来的には、1企業対1企業ではなく、複数の企業で構成されるエコシステム対エコシステムの競争が主流となっていくと見られ、そうしたエコシステムに乗れない企業は自然淘汰されていってしまう可能性すらあるのです。

## 経営層の役割の再定義

これまでも述べたとおり、ＤＸの成否を分ける最大のポイントは経営層にあると言っても過言ではありません。そのため、変革をリードしていく経営層自体の役割にも再定義が必要です。そこで求められる最大の役割とは、変革によって何を達成したいのか、ＤＸのフォーカスと目標を明確化・言語化して、社内に浸透させることだといえるでしょう（図表２－６）。ＤＸの目標設定ができている企業とできていない企業では、明らかにその成果に大きな差が出てくるのは前述したとおりです。

具体的には「ＤＸによって営業利益を何％上げるか」といった数値による目標設定も大事ですし、「顧客や社会、パートナー等にどういった付加価値を提供するか」などの明確なインパクトの提示もあわせて重要になってくるでしょう。

また、ＤＸによって目指すべき目標を言語化する際には、自社が置かれている状況について正確に把握することが欠かせません。市場や社会全体の動向を見渡したときに、自社が今いる環境のどこに問題があるのか、そしてそうした問題を自社よりも先んじて解決している企業があれば、そこではどのような取り組みを行っているのか、さらにそれらを踏まえて将来どのような企業が最大の競合相手となっていくのか――

**図表2-6　経営層の役割の再定義：成功するデジタル変革は、明確なフォーカスと目標の定義がある**

自組織のデジタル変革について最も当てはまると答えた回答者の割合[1]

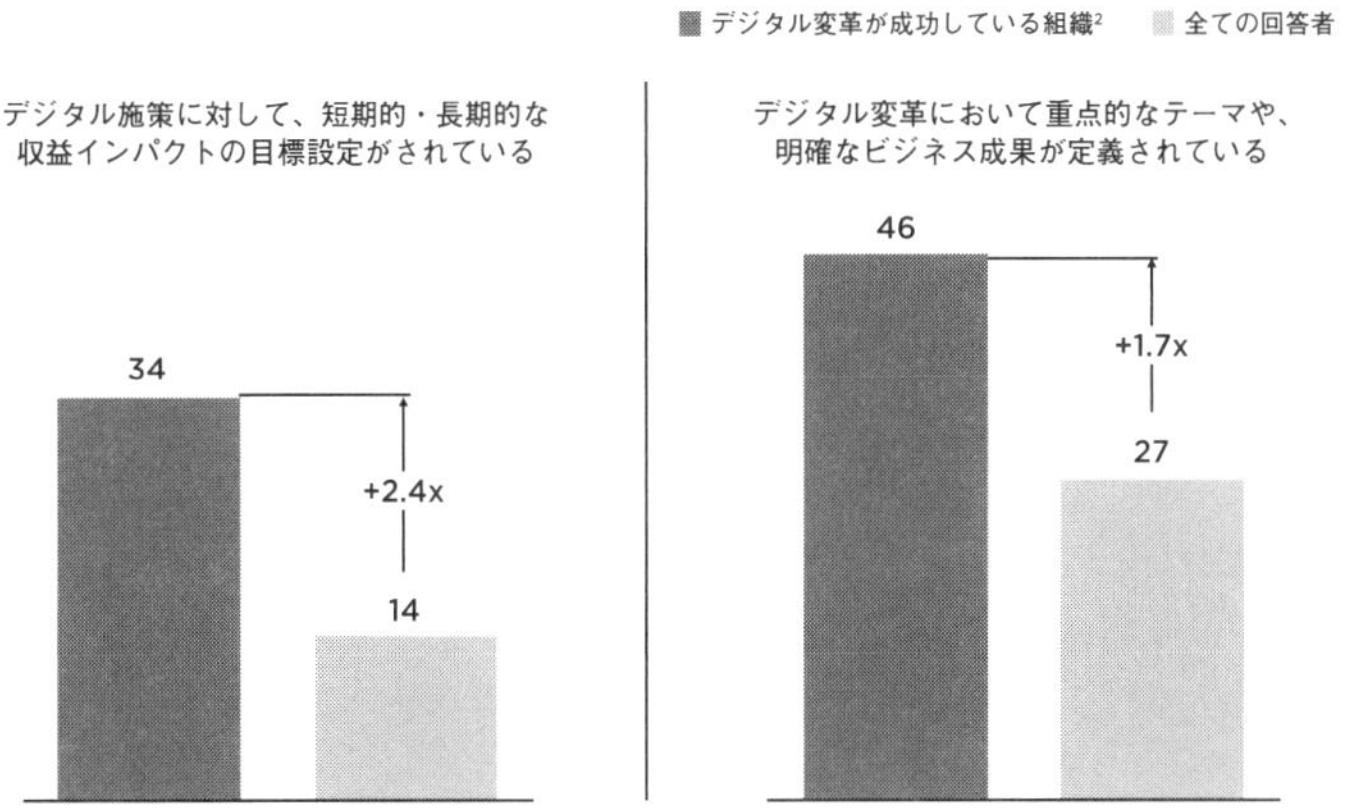


1.「当てはまる」「当てはまらない」「まったく当てはまらない」「不明」と答えた人を除く。変革が成功したと答えた人数, n = 225; その他全ての回答者, n = 1,136
2. 業績が向上し、その改善を維持するための組織改革も非常に成功、あるいは完了したと回答

出所：マッキンゼー

そこまでを見据えて理解したうえで、5年後、10年後の自社の立ち位置を描けなければ、これからの経営者の役割は務まらないのです。

そのためにも、前述したように全社のデジタル変革の責任者となるキーパーソン、次世代のDXリーダーが経営層を上手に巻き込んでいくことが、日本企業においてはとりわけ重要となってくることでしょう。

## ＤＸ成功企業に共通する目標

企業戦略の再定義こそが、ＤＸで求められる〝Ｗｈａｔ〟であるとお伝えしてきました。しかしながら、この再定義はなかなか簡単にはいきません。ＤＸの成功企業においては、その目標の定め方・進め方にいくつかの共通項があります。ここではいくつかの事例も交えながら、成功の要諦を見ていきましょう。図表２－７では、企業変革であるＤＸの成功と失敗を分ける重要なポイントをまとめています。あわせてご参照ください。

### 大規模かつ野心的

ＤＸに成功している企業の多くが、部門・事業ごとに閉じてしまうことなく全社を挙げて大規模にＤＸに取り組んでいます。それともう１つ共通しているのが、デジタルを活用して新たな事業を創出する、つまり自社では従来手がけていなかったような新しいビジネスそのものを作りあげている企業が多い点です。これはつまり、新たな価値を提供するために、ビジネスモデル自体を変革しているということであり、極めて前向きかつ野心的な取り組みであるといえるでしょう。

## 包括的かつ連続的

DXに成功している企業を見ると、実にその6割が「生産性改善」と「既存事業変革」「新規事業構築」の3つを包括的に実施していることがわかります。つまり、どれか1つのみに取り組んだのでは、DXを成功に導くことは困難となるのです。

ただし、「生産性改善」「既存事業変革」「新規事業構築」の取り組みをすべて一度に実施するのではなく、連続的に進化させてきているのもまたDX成功企業の特徴です。これら3つを回転させるように繰り返し実施しながら、最終的にDXを成功させる――こうした見通しを持った企業こそがDXに成功しているのです。

もっとも、最初から進化の見通しを正確に計算しているケースは少ないでしょう。まずは〝一回し目〟を実施してみて、そこで成果を上げてから、次の〝回転〟へと進化させていくことがポイントとなってくるはずです。

例えばいきなり新規事業の立ち上げまで手がけようとしたのでは一気にハードルが高くなってしまいます。多くの人材のアサインも必要となってくることでしょう。そうではなく、最初のうちはまずインパクトの出しやすい既存事業をターゲットに変革のサイクルを回し始めていくことが、特に日本企業には合っています。

そうしてインパクトを出し、成果を上げながら、デジタルを活用できる人材、デジ

### 3　成功をただ祈るのではなく、いかに結果をコントロールするか

- 「いいもの作ったんだから、皆使うはずだ」と思考停止するのではなく、多くの社員が「これならできる」「これならやりたい」「これなら効果が出るに違いない」と納得する工夫にこだわる
- 「いいもの作ったんだから、きっと実行されて効果も出ているに違いない」と祈るのではなく、決めた施策がどの部門でどの程度実行され、結果としてどの程度効果が出ているのかを徹底的に可視化。定性的なフィードバックに加えて、定量的なKPIをあらかじめ設計しリアルタイムで把握
- （うまく実行されていない・効果が出ていないことが判明した場合は）じきに改善されるだろうと祈るのでなく、すぐに介入して立て直しを図り、施策自体の見直しを素早く実施

### 4　既存の仕組みの枠内でできる限りのことをするという両手両足を縛ったゲームをするのではなく、勝率を上げるためにどこまで踏み込むのか

- 従来業務の片手間で組織を変革するという難易度Eに挑むのではなく、変革そのものに特化したチームを大規模で組成
- 複数レイヤーでの伝言ゲームを行うのではなく、変革リーダーが直接現場で指導することで、コミュニケーションの歩留まりを最大化
- 既存の取り組みに追加として位置づけるのではなく、新たな変革プログラムとして既存施策との整合性を確保してスタート
- すべて自前でやるのではなく、変革の失敗も成功も経験している外部リソースを活用

**図表 2-7** 企業変革における成功と失敗の分水嶺

**1** 単なる改善運動ではなく、高い目線の目標設定とその必達にいかにこだわるか

- 変革の目標値とそれをいつまでに達成するのかをあらかじめ明確化。そのうえで、容易には達成イメージがわかないレベルのバーを設定し、単なる改善運動に終始していては失敗だと自ら退路を断つ
- 確固たる施策の裏づけが存在しないまま目標値のみ掲げるのではなく（具体的に施策をどこまで踏み込んでやるべきかの定量化に欠けた場合は多くが失敗）、目標値を達成することを大前提に施策の設計および目標との紐づけ、リソースの投下、および組織構造自体の見直しまで踏み込む
- 一部の大きな声に振り回されるのではなく、何に取り組むか/取り組まないのか、どんな順番で取り組むのかあらかじめ全社で合意

**2** できない理由を嘆くのではなく、ステークホルダーをいかにその気にさせ戦力化するか

- 想像で本社ビルに籠もって施策を設計するのではなく、実際に変革を担うステークホルダー（現場の社員やコモディティヘッド）を早めに巻き込む
- ステークホルダーのスキル・意志が足りないと嘆くのではなく、巻き込んだステークホルダーのケイパビリティを作る、あるいは足りない部分はツールで補う

タル変革に関する〝トランスレーター〟となれるような人材を増やしていき、自社の体制を構築していくのです。人材については第4章で述べます。

そうしてある程度の利益が出てくれば、新しいビジネスやサービスも創出できるようになっていくことでしょう。

最初から未知の領域で大きく勝負に出たのでは、失敗する可能性も大きくなり、その際のダメージも深刻なものとなりがちです。しかし既存事業であれば、先例やノウハウもあるため、たとえ失敗しても軌道修正しやすいはずです。早めに小さく失敗して、早めに学ぶというのが、DXに成功している日本企業の王道パターンと言っても過言ではないでしょう。

具体的なイメージを持っていただくために、DXの成功事例を紹介します。

## 国内DX成功事例に学ぶ①ニトリ

### エコシステムの構築

家具の企画から製造、販売までをトータルに展開するニトリは、2019年の売上6000億円から、2032年には売上3兆円にまで伸ばすという高い目標を掲げるとともに、デジタルを徹底的に活用することでその目標達成を目指しています（図表

**図表2-8　ニトリは、あらゆる最新技術を国内外のパートナーと提携することで活用し、2032年の売上3兆円の高い目標を狙っている**

2032年に売上3兆円という高い目標を掲げ、デジタルをフル活用することで達成を狙う
2019年
店舗数576、売上6,000億円
2032年
店舗数3,000、売上3兆円
アナリティクス
Googleと共同で配信広告を顧客属性ごとに1,128パターン作成
クリック率が2倍に
RPA
NTTデータのRPAを用いた業務自動化を実施
Cloud
Azureを使った仮想PCを採用することでリモートワークを推進
ロボット
ノルウェーの「オートストア」を日本初導入し商品仕分けを自動化
シンガポールのグレイオレンジ社の「バトラー」で棚移動を自動化
AI
人工知能（AI）による配送ルートの決定や在庫管理の高度化など約500の機能を開発
アリババの画像検索エンジンを日本で初めて導入し、撮影した写真から類似商品検索
教育
GLOBISと共同でニトリ社員向けのMBAなどの教育教材を提供
Workday HCMで社員のスキルを管理
ブロックチェーン
LayerXと協業し、ブロックチェーンを用いて紙ベースでの伝票を撤廃、トラックの現在地や積荷情報を管理
他社との共同配送なども検討し、物流事業やコンサル事業を外販することで数百億円の売上を計画

出所：企業ウェブサイトをもとにマッキンゼー作成

2―8）。しかも自社だけで取り組むのではなく、様々なプレイヤーと連携し、まさしくエコシステムを構築しながらDXの実現を図っているのです。

例えば、Googleと共同でアナリティクスを行うことで、顧客属性ごとに配信広告を1128パターン作成し、クリック率を2倍にすることに成功しています。また、ノルウェーの「オートストア」を日本では初めて導入し、商品仕分けを自動化。さらにはシンガポールのグレイオレンジ社の「バトラー」で棚移動を自動化したり、NTTデータのRPAを用いた業務自動化を実施するなど、多様な領域でのパートナーとの共創によって多方面からデジタル化を推進しているのです。まさにデジタルを梃子にビジネスモデルを再定義しているといえるでしょう。

## 社内デジタル人材の育成

同時にニトリでは、社内のデジタルプレイヤーの育成も積極的に行っていて、既にITスキルに加えてビジネスに対する洞察力もある、いわゆるデジタル人材が350人以上存在し、自ら手を動かしながら新しいサービスをリリースできる体制を整えています。

競争力のあるエコシステムを形成するためには、パートナーの持つ技術の目利きも重要ですが、同社はベンダー主導で新しい技術を導入する必要がないため、インパクトを出すための技術の目利きを自社の見解で行うことが可能です。

ニトリのような企業は国内でも少しずつ増えてきていて、デジタル活用を内製化することの重要性がここ2、3年でより強く認識されるようになっています。従来のIT活用のように、何をやるにしてもベンダーに依頼していたのでは、持続可能なかたちでデジタル活用の取り組みを展開していくことは難しいでしょう。

確かに、既存のIT活用だけであれば、効率化によってIT部門をスリム化することのメリットはありました。しかし、DXというのは、繰り返しになりますが企業変革そのものです。既存のIT活用のように効率化すればそれでよし、ではありません。それぞれの業務部門が必要とする最新のサービスを、いかにアジャイルに実現して価値を提供するか——それこそがDXにおいて求められるわけで、そうなると自然と社内での戦略的な役割を担う新たな組織が必要となってくることでしょう。

ここで大事なのが、CIOとCDOの2者がタッグを組むことです。実際、DXがうまく進められている企業では2者が両輪となる——つまりITによる効率化とデジタルによるインパクトの創出の双方を実現しています。

## 国内DX成功事例に学ぶ②ゑびや

### 6年で売上を4倍にした老舗食堂

デジタル活用によってインパクトを出すことに成功している企業は何も大企業や中堅企業に限りません。国内における小規模な企業による効果的なDX推進の好例となるのが、伊勢の老舗食堂「ゑびや」です。同社は社員が十数人ほどで、アルバイト・パート従業員を合わせても40人ほどの食堂です。しかし、各従業員が、日々の業務から見えてきた課題を、クラウド活用によって解決するなど、効果的なIT活用によっ

## 図表 2-9 日本の小規模な企業でもアナリティクスを活用

### 概要

ゑびやとは
・社員が十数人、アルバイト・パート従業員を合わせても40人ほどの老舗食堂
・売上１億円、利益200万円（2012年時点）

### 課題

・団体ツアー客の影響もあってピークタイムが読みづらく、適正な人員配置ができずに人件費がかかっていた
・メニューは23種類。お膳ごとに小鉢も違って準備に時間がかかり、クレーム対応も必要だった
・売り切れによる機会損失と廃棄ロスが出ていた

### 施策

・デジタル専門家ではない社員がPOS、天気、食べログアクセス数などのデータ相関分析による「来店予測」を実施

### 効果

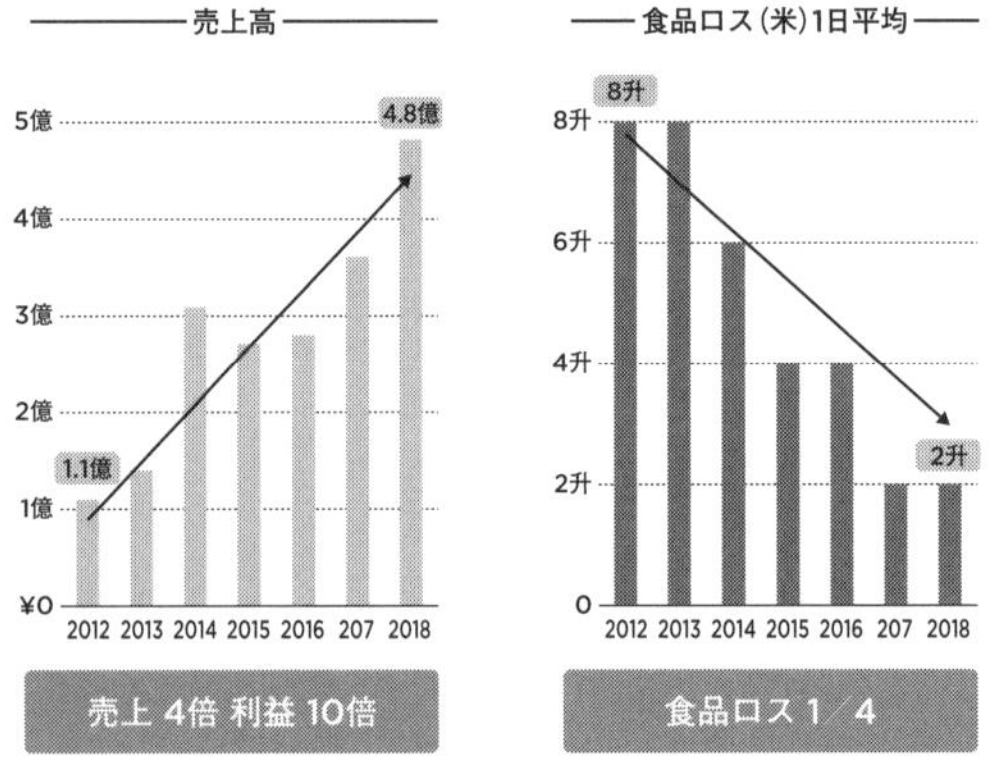


出所：企業ウェブサイトをもとにマッキンゼー作成

て、2012年から6年間で売上高を4倍にまで成長させているのです（図表2－9）。ゑびやは、マイクロソフトの米国本社が注目している企業としても有名です。

## クラウドサービスを徹底活用

同社では、マイクロソフトのクラウドサービスを活用することで、様々な業務改善・コスト削減が実現できています。そしてITによって仕事の効率が上がることで生まれた時間を、顧客サービスの向上につなげています。

「来客データ分析」では、来店客のグループ属性や注文品目などPOSレジのデータと、天気や気温を紐づけて各種分析を行っています。また「画像解析AI分析&交通量解析」システムは、店外に設置したカメラが軒先の往来を解析し、ここから入店率を導くことができます。

さらに「来店予測AI分析」システムは、仕入れのムダを排除するとともに、繁閑に応じた人員配置が可能です。これにより、従業員の働き方改革に加えて、顧客の満足度の向上も実現しています。

デジタル活用によって単に収益インパクトを出すだけではなく、従業員の働き方や役割も大きく変えるとともに、従業員一人一人の幸せにも大きく貢献しているゑびやの取り組みは、企業の規模を問わずデジタルの可能性を考えるうえで大いに参考になることでしょう。ゑびやは、デジタルによって老舗食堂の提供価値を、そして従業員の働き方そのものも再定義したといえます。

本章では、企業戦略の再定義こそがＤＸで目指す「Ｗｈａｔ」だと述べました。「顧客ニーズ＆自社提供価値」、「ビジネスモデル」、「経営層の役割」など、いくつかの重要な要素を紹介しました。ＤＸは単なるソリューション導入に留まらない、企業変革そのものです。次章以降ではいよいよ、どのようにしてＤＸを実現するか、成功に導くかといった「Ｈｏｗ？」に焦点をあてていきます。

第 3 章

# 日本企業の足枷と挑戦

HOW?

## 後れをとっている日本

日本企業がDXを進めるうえで、グローバルでのベストプラクティスを導入するだけでは、まずうまくいきません。もちろん、各国、各業界の事例は大いに参考になりますが、その一方で、海外の企業との環境や文化の違いが足枷となって、同じように進めることができず、どこかで行き詰まる結果に陥りがちです。

DXで大きな成果をあげるためには、日本企業が構造的に抱えている問題を正しく理解して、それを乗り越えるための工夫が必要となってきます。

マッキンゼーが定期的に実施している企業変革サーベイの結果を見ると、DXによってパフォーマンスの向上と持続的な組織能力の構築に成功している企業の割合は、グローバルで見てもわずか16%に過ぎません。

さらに、製造、エネルギー、インフラ、製薬といった歴史の長い業界では、その成功率は4〜11%にとどまっています。この数字からもわかるように、DXというのはそれだけ成功率が低い、難しい取り組みでもあるということです。

このように、多くの企業が既にデジタル変革に着手しているものの、様々な理由で失速・停止しています。1256人の経営者を対象にした調査の結果では、パイロッ

**図表3-1** 多くの企業が既にデジタル変革に着手しているが、様々な理由で失速・停止する

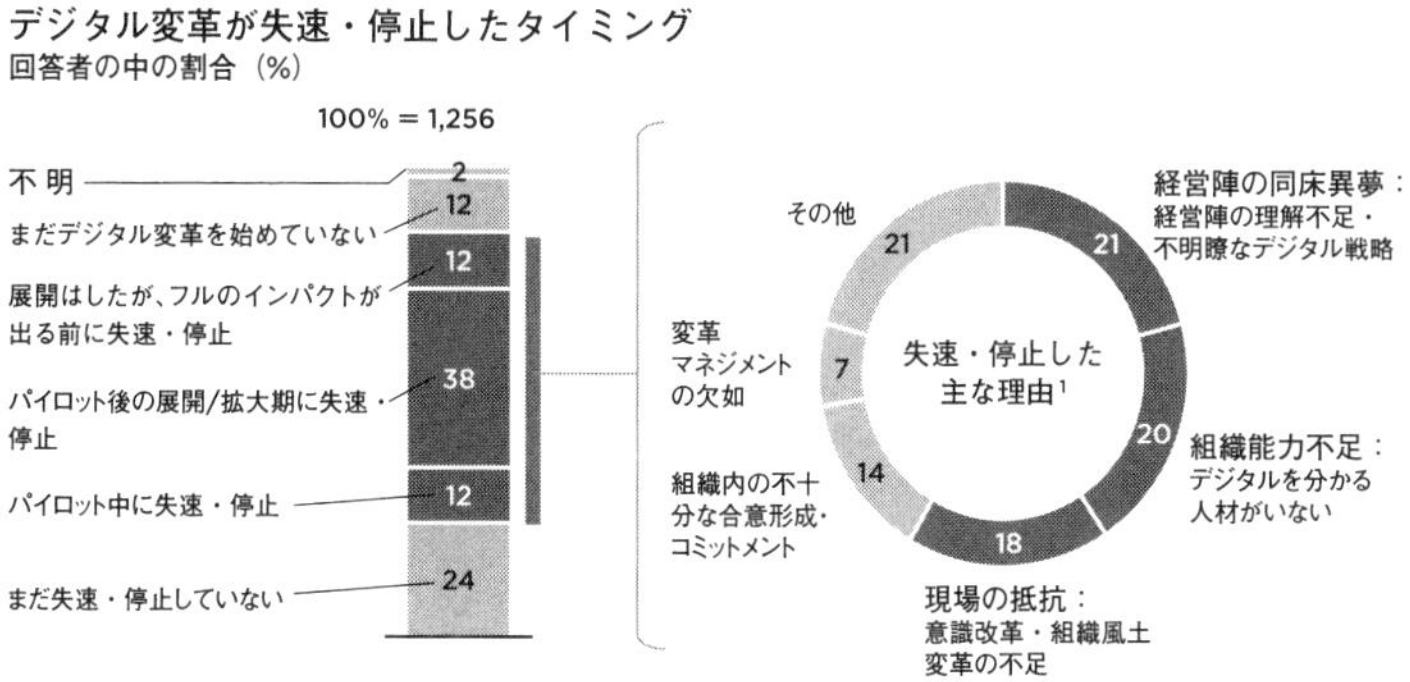


1. 失速・停止した主な理由は不明とした回答（回答のうちの6%）を除いてから算出；n =731

出所：マッキンゼー

ト後の展開・拡大期に失速・停止したという回答が38%と最も多く、パイロット中に失速・停止した割合も含めると半数に及びます（図表3－1）。

また日本における課題として挙げられるのが、ICT投資への理解のなさです。1995年のICT投資を100として、その後のICT投資の推移を米国や英国、フランスと比べてみると、この四半世紀もの間に日本だけまったく伸びていないどころか、縮小すらしているのです。対して米英では指数関数的にICT投資が伸びてきており、デジタル化で大きく業績が向上したり、構造を大きく変革することに成功したりしている企業が数多く出

**図表3-2** 日本における課題：ICTは変革のイネーブラーではなくコストとして捉えられている

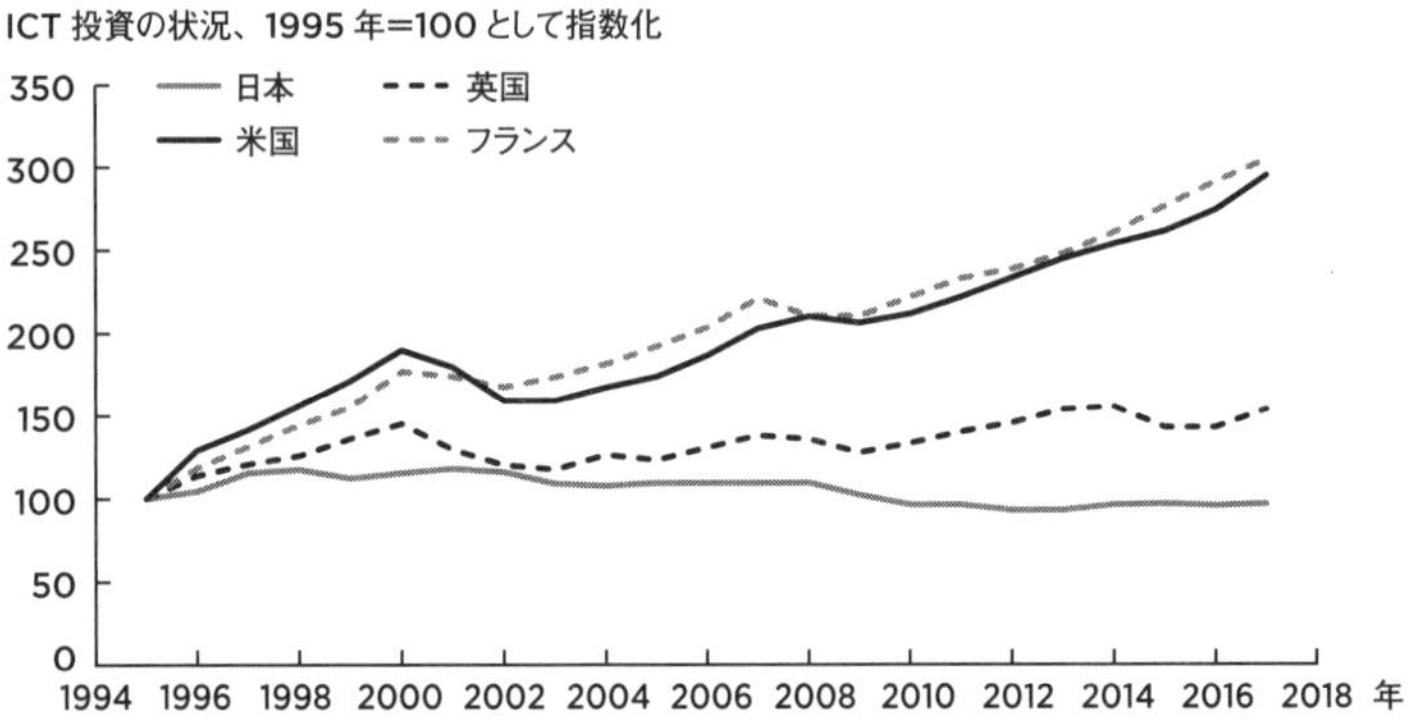


出所：OECD統計

現しています（図表3－2）。

ではなぜ、日本ではICT活用が遅れていてDXがうまくいかないのでしょうか。そこを正しく理解できなければ、次のステップには進めません。

日本企業に共通する、デジタル変革における特有の課題としては、「経営陣の同床異夢」「デジタル人材不足」「負の遺産（レガシーシステム）」「失敗が許容されない文化（アンチ・アジャイル）」の4つが挙げられます。

ここからは、それぞれの課題について掘り下げて考えていきましょう。

## 日本企業の課題1：経営陣の同床異夢

### 曖昧なまま取り組みが進む

多くの日本企業が〝デジタル〟の重要性を理解してはいます。しかし、意思決定を行う経営陣の間で、何を対象に、どれぐらいの規模でデジタル変革を成し遂げようとしているのかが、明確に言語化されていないケースが非常に多いと感じています。

しかも、優先順位が経営層のそれぞれによって異なっていることから、キーパーソンとなる人材を集めることも困難なうえ、デジタル投資が十分に行えないという問題にもつながってきます。

このように、日本企業では経営層による意思疎通・意思決定がなされずに、曖昧なままデジタルにまつわる取り組みが進んでしまう傾向があり、それが放置されているために、大きなインパクトにつながっていないといえるでしょう。

グローバルでは、「DXはトップダウンで進める」ということが、ある種の定石となっています。しかしながら、日本企業のトップマネジメント層の間でデジタルに対する理解が十分にされにくい状況にあるのも大きな課題です。帝国データバンクの「社長の平均年齢」の推移によると、2020年時点で日本の社長の平均年齢は60・

図表 3-3 日本の経営者を悩ます典型的なリスク・課題

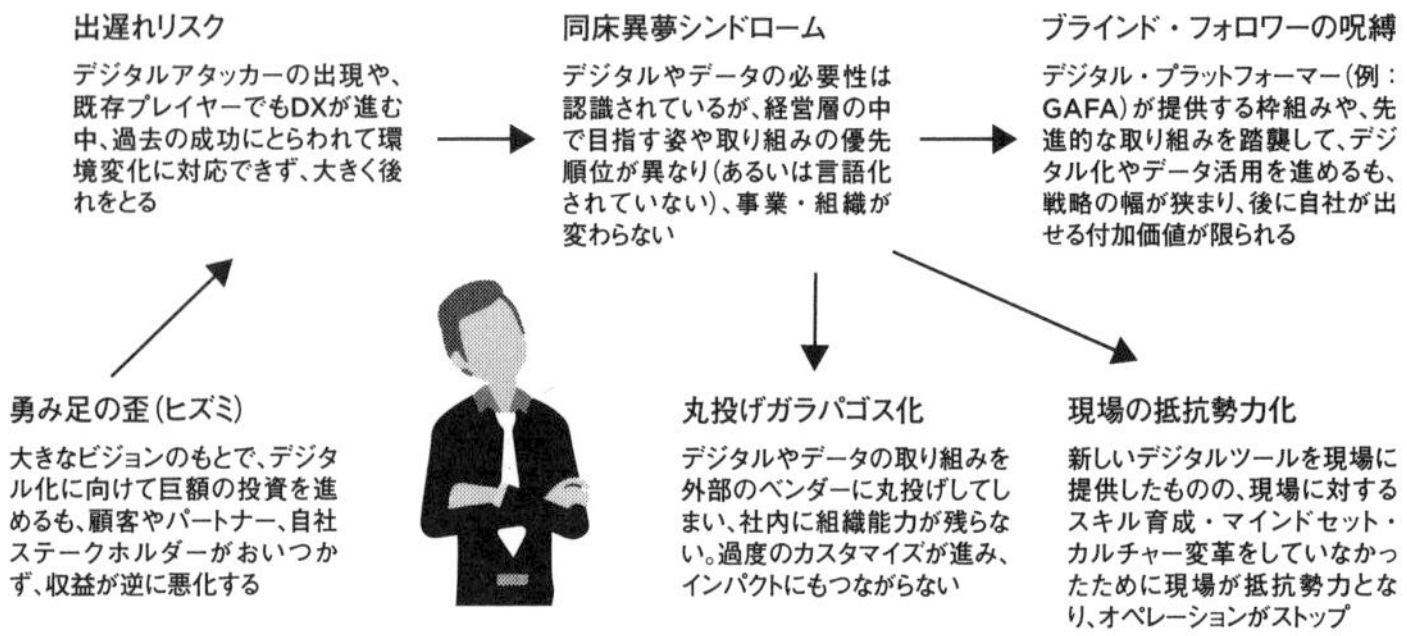

出遅れリスク
デジタルアタッカーの出現や、既存プレイヤーでもDXが進む中、過去の成功にとらわれて環境変化に対応できず、大きく後れをとる
同床異夢シンドローム
デジタルやデータの必要性は認識されているが、経営層の中で目指す姿や取り組みの優先順位が異なり（あるいは言語化されていない）、事業・組織が変わらない
ブラインド・フォロワーの呪縛
デジタル・プラットフォーマー（例：GAFA）が提供する枠組みや、先進的な取り組みを踏襲して、デジタル化やデータ活用を進めるも、戦略の幅が狭まり、後に自社が出せる付加価値が限られる
勇み足の歪（ヒズミ）
大きなビジョンのもとで、デジタル化に向けて巨額の投資を進めるも、顧客やパートナー、自社ステークホルダーがおいつかず、収益が逆に悪化する
丸投げガラパゴス化
デジタルやデータの取り組みを外部のベンダーに丸投げしてしまい、社内に組織能力が残らない。過度のカスタマイズが進み、インパクトにもつながらない
現場の抵抗勢力化
新しいデジタルツールを現場に提供したものの、現場に対するスキル育成・マインドセット・カルチャー変革をしていなかったために現場が抵抗勢力となり、オペレーションがストップ

出所：マッキンゼー

1歳。1990年以降一貫して右肩上がりが続いているのです。

## 任期5年で変革できるか

また、ニッセイ基礎研究所が2019年に発行した「日米CEOの企業価値創造比較と後継者計画」では、内部昇進するCEOの就任年齢と在任期間を日米間で比較したところ、米国では平均46・8歳で13・4年の在任期間である一方、日本では57・5歳で5・1年の在任期間となっています。

つまり、日本企業の社長は50代後半で就任し、残り5年の任期を前提に、デジタルを活用して新たな成長に向けてコア事業の抜本的な変革を考えなければいけないということになります。

よほどの覚悟を持って、そして全力でデジタルのことを学ぼうとしない限り、デジタル変革に踏み出すことは非常に難しいといえるでしょう。加えて、社長以外の経営陣たちも同年代であることが多く、経営陣全体の年齢と在任期間がハンディキャップとなってしまっているのです。トップダウンでデジタル変革を進めるのは難しいというのが日本企業の現実です。

## 日本企業の課題2：デジタル人材不足

### アウトソースが招いた技術力の低下

デジタル変革を進めるためには、多くの企業においてこれまで社内にいなかったような人材が必要になってきます。それは、新しいUI（ユーザーインターフェース）を生み出すデザイナーや、新しいサービスを生み出すソフトウェア開発者、それにデータサイエンティストやデータエンジニア、機械学習エンジニア、プロダクトマネージャー、サイバーセキュリティエンジニア、アジャイルコーチなど、非常に多岐にわたります。そしていずれの人材も、数十年前にはそもそも職業として存在しなかったものです。

日本企業では、こうしたデジタル人材不足が特に深刻な課題となっています。ガートナーのデジタルビジネス施策に関する調査では、日本の回答者の67%が、人材の確保が改革の障壁であると答えています。一方で諸外国では、同様の課題を挙げたのは38%に過ぎません。

日本企業におけるデジタル人材に関する課題の1つとして挙げられるのが、恒常的に行ってきた、IT業務のアウトソースでしょう。日本企業では、ITに関する施策はITベンダーに丸投げする文化が根づいています。このため、社内のエンジニアリング力が低下してしまい、また新しい技術を使ってビジネスを変えていくという意識や役割も弱くなり、結果としてITを統括する部署であっても、単なるベンダーマネジメントに終始している企業が多いのです（第4章参照）。

統計によれば、日本のIT・デジタルエンジニアの実に7割は、SIerなどのサービス提供者側に存在しているのが実状です。一方で欧米の企業では、ITエンジニアの多くはユーザー企業側に所属しているという、逆の形態になっています。

IT人材の中でも特に重要視されているのがITアーキテクトです。これまでの日本企業では情報システムの構築はベンダー任せが主流でしたが、今のIT部門に求められているのは、システムの構造（アーキテクチャ）のあるべき姿を描くこと、言い換えれば、どうあれば最も効果的にデジタル化を加速できるのかの見極めが必要です。

そこでネックになるのがＩＴアーキテクト人材の不足です。彼らは、例えばクラウドサービスがどの領域で活用に適し、どのように使えば自らシステムを作らなくても効率的にビジネスに貢献できるのかなど、最新のデジタル技術の目利きに優れている人材です。このＩＴアーキテクト人材の不足は、次の課題である「負の遺産」を生み出すことにもつながっています。

## もはやコストセンターではない

そもそも日本では、デジタルに関する専門知識を有する人材が少ないのです。例えば米国と比べると、全労働者人口に対するデジタル人口比率は、米国が３％、日本が１％と、日本には米国の３分の１程度しか存在していません。

実はこうした問題は昔から指摘されてはいたのですが、かつてはそれでもうまくいっていたため大きく扱われることはありませんでした。以前の日本企業ではＩＴ部門はコストセンターであるという認識が持たれ、経営層も深く注視することがなかったからです。

ところが、事業そのもののあり方や、顧客に対する付加価値の創出の仕方などが、デジタルテクノロジーの活用如何によって大きく差が出てくるようになりました。

競争相手も大きく変革を成し遂げようとしているうえ、変化の度合いもスピードも従来とは比べものになりません。にもかかわらず、そうした自社の競争力の源泉ともいえる心臓部を、外部のＩＴベンダーへと任せてしまっていたのでは、とてもデジタル変革など成し遂げられないでしょう。

このため、これからの日本企業には、デジタル人材の確保・育成をいかに戦略的に行うかが、強く問われてくるのです。それをしないまま、単に海外のＤＸの事例と同じようなことを始めたとしても、まずうまくはいかないことでしょう。

## 日本企業の課題３：負の遺産（レガシーシステム）

### 老朽化したシステムが変革を阻害する

経済産業省の「２０２５年の崖レポート」において、たとえ日本企業がＤＸに取り組んでいく決断ができたとしても、やがて「２０２５年の崖」が立ちはだかり思うように推し進めることができなくなると警鐘を鳴らしています。（図表３－４）

この「２０２５年の崖」の要因として挙げられているのが、先にも課題として挙げたＩＴベンダー依存やテクノロジーの投資不足を含む４つです。

このうちレガシーシステムもまた、日本企業のデジタル変革における大きな課題の

**図表 3-4　DX 実行の決断ができたとしても、日本企業には「2025 年の崖」が立ちはだかる**

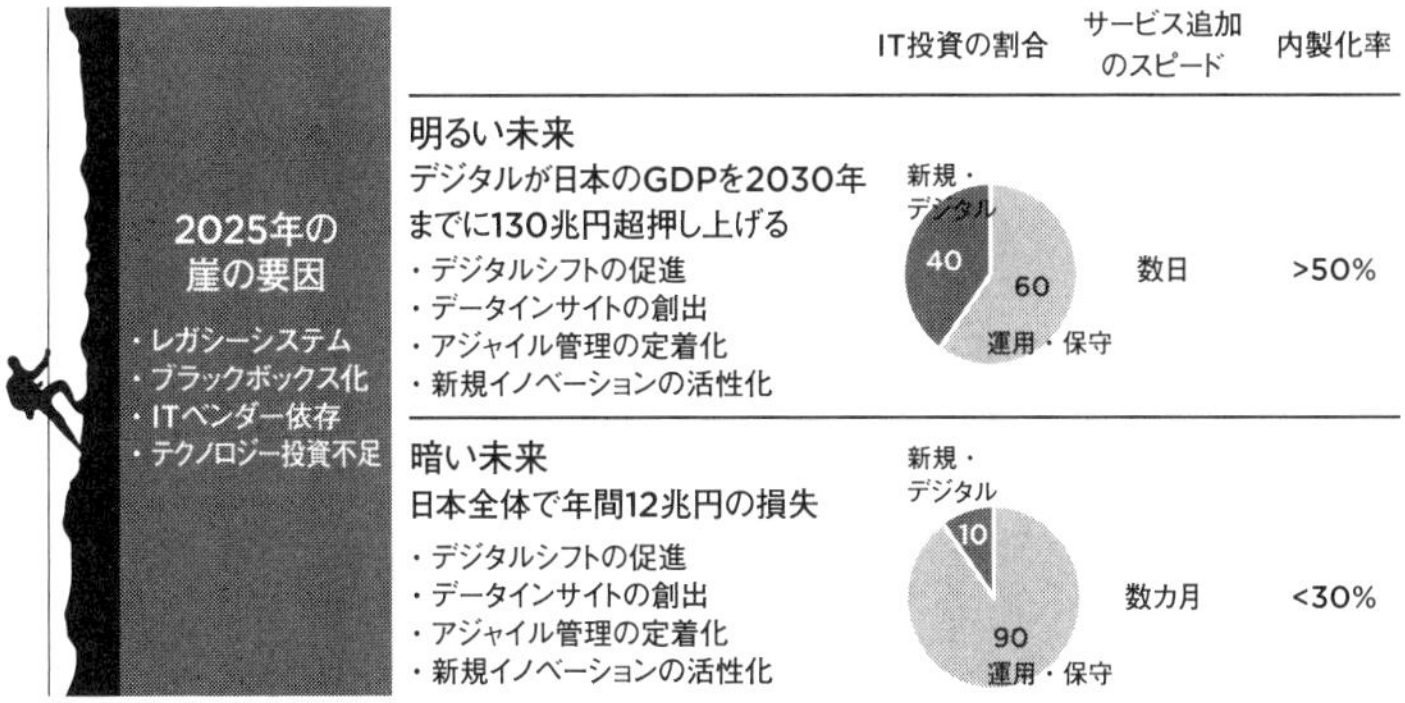


出所：経済産業省『DXレポート～ITシステム『2025年の崖』の克服とDXの本格的な展開～』をもとにマッキンゼー作成

1つとなっているのです。

ＩＴシステムは古いまま放置されると、負の遺産（レガシー）となり、ＤＸ推進を阻みます。金融業や流通業を筆頭に、レガシーシステムはなおＩＴシステムのうちの多くを占めており、一部のみの使用までを含めると、ＩＴシステム全体の約85％で、未だレガシーシステムが使用されているのが現状なのです（図表3－5）。

また、こうした老朽化したシステムが、自社のＤＸを阻害していると感じている割合は約7割にものぼっています。

これでは、デジタルを活用した新しいサービスを生み出そうとしても、とてもスピード感を持って実現することなどで

図表 3-5 ITシステムは古いまま放置され、負の遺産（レガシー）となり、DX推進を阻む

日本企業業種別、レガシーシステム使用の割合（%）

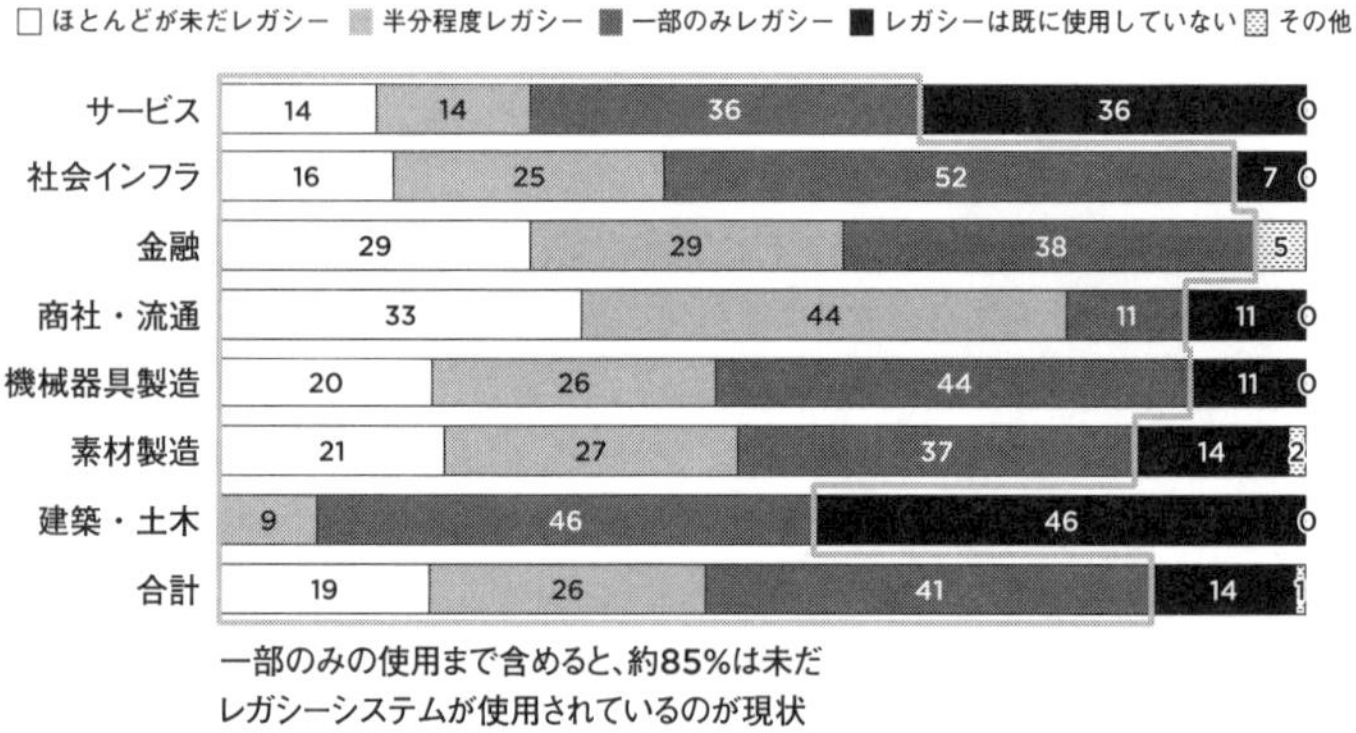


出所：経済産業省『DXレポート～ITシステム「2025年の崖」の克服とDXの本格的な展開～』、JUAS平成29年レポートをもとにマッキンゼー作成

きないでしょう。

デジタル変革が叫ばれる以前の2000年代にも、レガシーからの脱却（レガシーマイグレーション）が叫ばれていました。しかし当時は、コスト面における最適化が主眼になっており、いかにシステムの開発や運用保守を効率化するかが主なテーマでした。そのため、オフショア開発が流行ったというわけですが、いまのデジタル変革とは本質的に求めているものが異なります。

もちろんシステムの開発・運用コストを低下させることも引

き続き必要ですが、それ以上に新しいサービス、ビジネスを生み出す力とそれらを実現させるスピードが求められています。それにはレガシーシステムを根本から変えなければいけないのです。

それにもかかわらず、日本企業では、レガシーシステムを当のＩＴ部門側が引き続き求めているという側面もあります。だからこそ、ビジネス部門側から、デジタルによる新たなサービス開発をリードしていかねばならないのですが、そこまで行き着いている企業は多くありません。

## ＩＴベンダーのジレンマ

レガシーシステムを含めた日本企業のデジタル変革を阻む課題については、ある意味ＩＴベンダー側もジレンマに陥っているという見方もあります。これまで、ＳＩｅｒというのは、ユーザー企業の希望に沿ってＩＴシステムをカスタマイズし、関係を長期間継続することで売上を伸ばしていくというビジネスモデルでした。

つまり、アウトソーサーとして、ＩＴベンダーはユーザー企業におけるＩＴ部門の実質的な置き換え役を担っていたわけです。実際、システム開発においては、要件定義の段階からＩＴベンダーが手掛け、ユーザー企業の業務部門の実状に合うようカスタマイズして、構築後は運用・保守まで引き受けて長期的に収益を上げていくというのが当たり前でした。そのため、ITシステムのライフサイクルもゆっくりしていたほうが、ITベンダーの事業としては好都合だったわけです。

しかしながら、いまや事業環境が大きく変わったことから、ユーザー企業側も激しい変化に迅速に対応していくことが求められています。また、AWSやMicrosoft Azureをはじめとした、グローバルなプラットフォーマーが既に高いレベルのサービスやツールを揃えているため、これまでの日本のITベンダーのビジネスモデルを根底から脅かすようになっているのです。

こうしたことから、ITベンダー側も変化を成し遂げなければと模索しているところであり、ユーザー企業側としては、これまでのようにITベンダーに頼ることは大きなリスクともなり得ます。

大きなカギは、デジタルによって自社のビジネスをどう変えていくかを考える役割、つまりブレインとなる役割を、ITベンダーからユーザー企業側へと取り戻すことにあるでしょう。これまでは、それなりに優れたITベンダーにお願いしていればば、事業もうまくいっていたかもしれませんが、そうした考え方自体を変えていかねばならないのです。

求めているものを理解する側と、それを実現する側とが一体となっていなければ、時間とコストがかかってしまい、デジタル変革は成し遂げられないと認識しなければいけません。

## 日本企業に射す一筋の光

と、ここまで日本企業の負の遺産にまつわる問題点ばかり指摘してきましたが、日本企業の間でも期待できる変化が進みつつあります。それは、組織面における動向です。ビジネスとＩＴとが連携して新しいサービスを作っていくための一体型の組織が、企業内に続々と生まれてきています。

例えば国内でも先進的な取り組みを進めているアクサ生命では、ビジネス部門とＩＴ部門のそれぞれの出身者から構成されるデジタル変革のための組織を新たに設けています。先進的にデジタル変革に取り組み、成果を上げている企業というのは、業務部門とＩＴ部門とが一体となった組織が中心となっているケースが多いのです。

そこでは、旧来のＩＴベンダー的な役割も担いつつ、足りない部分についてもＩＴベンダーを中に入れて進めるようにしています。つまり、主体はあくまでユーザー企業側にあって、旧来のＩＴベンダー〝丸投げ〟ではないわけです。

## 日本企業の課題4：失敗が許容されない文化（アンチ・アジャイル）

### 外部の人材が活躍できない

日本企業に根強い「失敗を許容しない文化」もまた、デジタル変革の大きな足枷となっています。

とりわけ伝統的な日本企業において、外部のデジタル人材を活躍させる土壌がなかなか醸成されない理由の1つも、そこにあるといえるでしょう。

海外企業では、CDOのような主要なポジションを、社外から招聘してDXを推進していくケースが何件もありますが、日本ではそうした成功例はごくわずかにとどまっています。

失敗を許容する文化がないことから、外部から経験や知識のある人材を受け入れたとしても、〝お手並み拝見〟として周囲が適切なサポートをしないような状態になってしまうこともあります。これでは、せっかくのエキスパートも、デジタル変革の本質にまで踏み込めず、やれる範囲で小さなことしかできないため、インパクトもわずかしか残せないのです。

## アジャイルは速い開発ではない

そもそもデジタル変革の本質というのは「アジャイル」にあります。アジャイルでは、まずはトライ＝テストしてみて、その失敗から得られた学びを生かして次なるチャレンジを繰り返していくという、テスト&ラーンのサイクルが基本です。システム開発を迅速に進めることではありません。そしてこのサイクルを、トップマネジメントがサポートしていくことが強く求められます。

しかし、マッキンゼーのリサーチでも、日本の組織ではアジャイルの導入が諸外国と比較して進んでいません。アジャイルオペレーションは、トヨタのリーン生産方式を起源に持つというのは皮肉といえるかもしれません。

アジャイル型組織へと転換することは、日本企業が直面する課題の解決に極めて有効なはずです。さらにそれだけでなく、生産性や従業員満足度、顧客満足度の向上ももたらす、イノベーションのスピードも加速することができるのです。

またＩＴ部門に目を向けても、日本の組織ではこれまでコストセンターとみなされていたことから、怒られることはあっても、褒められることはなかなかない組織でした。それゆえに、堅牢性や安定性が第一義となってしまい、失敗というものへの許容度が著しく低くなってしまったのです。

しかし、デジタル変革に欠かせないアジャイル開発では、スピードが重視され、多少のトライアル&エラーを許容しなければなりません。それをマネジメント層が許容できるかどうかもカギを握るといえるでしょう。まずはサンドボックスでトライしたり、PoC（Proof of Concept：実現可能か検証すること）を行って、その結果を踏まえて広げたり――そうしたアジャイルな新しいオペーレーティングモデルへと切り替えていくことが急務となっています。日本企業ではまだまだ少ないのが現実ですが、これからトライしようという企業も増えつつあります。

## 企業文化が変わらなければ、人材を獲得しても宝の持ち腐れ

伝統的な日本企業は、少しずつ多様化してはいるものの、依然として外部からの人材の流動性が相対的に低く、また、年功序列的な考え方も根強く残っています。生え抜きの社員の割合が以前として高く、同質の考え方を持つ人材が多いことから、これまでのその企業における成功体験が共通言語として強く語り継がれているケースが多いのです。これに加え、社内にデジタル人材が少ないため、デジタルリテラシーが低くなりがちです。先の項でも触れましたが、このような環境で、外部から採用されたデジタルのエキスパートが活躍することは非常に難しいといえるでしょう。

こうした問題を日本企業が打開するためには、組織トップの強いコミットメントが欠かせません。外部のエキスパートだけで組織を動かし、事業の中核を変革することは非常に困難なことだからです。

トップのコミットメントがなければ、結果的に、自分の裁量でできる範囲のデジタル化だけを推進することになってしまいがちです。このように、外部の人材が活躍しにくい組織文化というハンディキャップが多くの日本企業には存在していることから、まずは次世代のリーダーが中心となって文化の変革を推し進めることが非常に重要になってくるのです。

ここまでご覧いただいた通り、日本企業がDXで成功するには4つの課題を乗り越える必要があります。「経営陣の同床異夢」「デジタル人材不足」「負の遺産（レガシーシステム）」「失敗が許容されない文化（アンチ・アジャイル）」とどれも手ごわい課題です。しかし、怯んではいけません。企業を取り巻く環境が大きく変わる中で（第1章および本章コラム）、DXを通じて企業戦略を再定義（第2章）できる企業には大きな成果をあげるチャンスがあるのです。そして、その成否が企業の将来を左右するのです。

次章では、どのようにしてこれらの課題を乗り越え、DXを成功させるかを見ていきましょう。

## コラム　コロナ禍を千載一遇のチャンスと捉えよう

### コロナ禍で急加速したＤＸ

コロナ禍により全世界で様々な変化が起きています。その中でも、大きな変化の1つとして挙げられるのが、ＤＸが一気に加速したことでしょう。

それまでは、デジタルに対して社会には〝食わず嫌い〟な側面も多々ありましたが、コロナ禍によって非接触・非移動が課せられた結果、皆がデジタルを体験しました。デジタルを活用することで便利さを理解できたことは、とても大きな成果だと思います。また、そうした一方で、デジタルの限界も見え、リアルならではの価値が、改めて見直された部分もありました。

日本政府についていえば、世界と比較して、ＤＸの大きな遅れが露呈しました。その遅れを取り戻すべく、デジタル庁の発足に向けて動きだしたり、各種デジタル給付金の交付や金商法改正によるブロックチェーンを後押しする等、デジタル関連の政策に注力するようになりました。

また、これはコロナ禍よりも前から進められていたことですが、政府、経団連では、デジタル変革が進んだ日本の未来の姿として「Society5.0」を提唱しており、その一部はすでにコロナ禍で実現された部分もあります。

民間に関しては、海外では米国のEC取引が2倍になったのをはじめ、個人宅への宅配ロボ需要が4倍に、日本ではPayPayの登録者数が75％増加するなど、キャッシュレス化が急加速しました。働き方も大きく変わってきており、日本でも6割を超える企業がリモートワークを導入し、ZoomやMicrosoft Teamsなどのリモート会議サービスを活用しています。その結果、押印・印刷・荷物の受け取りや発送をするためだけの出社を抑制するために、ペーパーレスやハンコレスも促進されました。

## ネクストノーマルの消費者の行動は変わるのか？

それでは、コロナ禍を経たこれからの時代における〝ネクストノーマル（ニューノーマル、新常態）〟とはどのようなものになるのでしょうか。最も大きなものは消費者の行動の変化でしょう。大きくは以下の5つの変化が、ネクストノーマルに向けて消費者の行動において起きてくると見られています（図表a）。

商品やサービスを購入・体験するチャネルとして、よりデジタルチャネルが選ばれるようになります。法人向けの営業も、簡単な紹介やヒアリングであれば、リモート会議ですませ、商談・交渉は対面で行うなど、対面・非対面のハイブリッド

**図表a** ネクストノーマルに向けた消費者行動の5つの変化

| | |
|---|---|
| ①チャネルのシフト | オンライン購入の増加、外食自粛、在宅勤務などに伴い、商品やサービスを購入・体験する場所がオンラインに移行するなど、チャネルのシフトが起きる |
| ②価格意識の拡大 | 約4割の消費者がコロナ禍によって経済的影響を受けると考え、商品やサービスに対する価格意識がより敏感になる |
| ③ロイヤル顧客層の移動 | 最もよく使うスーパーを変えたと答えた人は約15%に及び、そのうち3分の1が「変更先の店舗を今後も中心的に利用する」と答えている。短期間で特定のブランドや店に対しての愛着心や来店頻度、支出が比較的高い「ロイヤル顧客」が移動したことを表し、小売りやメーカーにとって機会とリスクを同時に意味する |
| ④在宅需要の定着 | 料理をすることが増えた人は19%に上り、オンラインフィットネスを始めた人は4%増加するなど、在宅での活動が活発化。雑貨・家具・家電の購入意向増加も含め、今後「おうち時間」の充実を図るための消費が増え、同時に在宅需要が定着すると見られる |
| ⑤衛生意識の高まり | 今後、買い物する店を決める際、「衛生環境や消毒・殺菌対応」が重要と答えた人は44%に上る。安心して買い物ができる環境を整備し、その衛生対策を視覚化することが客数を回復させるうえで必須となる |

出所：マッキンゼー

化が進むでしょう。コロナ禍による景気の低迷などから、価格の多段階化が起こり、消費者の価格意識がより敏感になっていくでしょう。

また、75％もの消費者が行きつけの店の閉店や、経済的圧力によって新しいショッピング行動を試し、36％の人々が新しいブランドを試し、25％がPB（プライベートブランド＝小売りや流通業者の自社ブランド）を取り入れており、これは「前例のない比率」の大きな変化です。在宅需要や衛生意識の高まりも、消費者の購買行動に大きな影響を与えています。企業としては、これをチャンスと考え、こうした一連の消費者行動の変化を捉えながら、自社にとって何がビジネス機会になるのかを考える必要があるでしょう。

### 勝ち組と負け組の境界線

そもそも過去を振り返ってみても、経済危機においては、新しいニーズと、新しい企業が数多く生まれています。つまり、経済危機はイノベーションを加速すると言っても過言ではありません。

ネクストノーマルにおいても、巣ごもり需要やデジタルヘルス、ロボットやドローン、5G、さらにはスマートシティやカーボンニュートラル等も含めて、様々

**図表b** アフターコロナにおける、大きなイノベーションの種

ハイテク技術見本市「CES」より

| | |
|---|---|
| 巣ごもり需要 | 住宅・空気・睡眠・口・髪・運動・ロボ掃除・IoT冷蔵庫（サムスン、LG）・IoT 機器・電気代 |
| デジタルヘルス | 遠隔医療（国内および国境を越えた医療）・AI 診断（オムロン VitalSight、ウェアラブルデバイス）、処方薬デリバリー、デジタル・パソロジー（癌の画像診断） |
| ロボティクス | 生産、ケアロボット、医療現場でのトリアージ |
| ドローン | ラストワンマイル（アマゾン・UPS 医薬品） |
| ビークルテクノロジー | 自動運転、GE などはガソリン車から EV へのシフト、日産などは災害時の EV 電源活用 |
| 5G | ソフトバンク野球、ベライゾン NFL、デジタルヘルスケアへの活用 |
| スマートシティ | TOYOTA Woven City、Ford City:One |
| カーボンニュートラル | 環境省が 2050 年にカーボンニュートラルの実現を宣言 |

出所：企業ウェブサイトをもとにマッキンゼー作成

なイノベーションの種から大きなチャンスが生み出されることになるでしょう（図表b）。それらのチャンスをいち早く見抜いて実行に移すことができれば、企業を一気に成長させていくことも可能でしょう。

　本書の他のパートでも触れていますが、まずは既存事業をデジタル変革することで、デジタル活

**図表c　大きな価値は、既存事業のDXから生まれる**

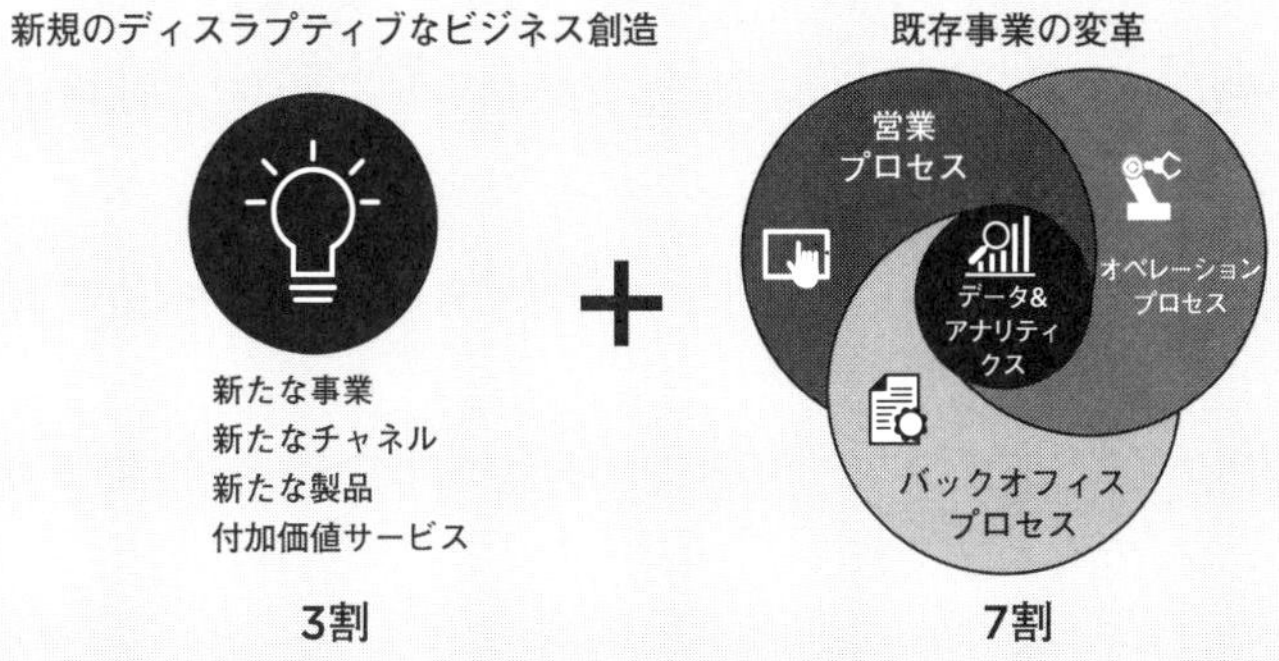


出所：マッキンゼー

用による利益改善効果の7割が期待できます。残りの3割は、新規事業からくる利益なので、既存事業変革から始める方が、より大きな効果が期待できます（図表c）。

そして、リーマンショック後に、既存事業のビジネスモデルを展開できた会社は大きく企業価値を伸ばし、一方でコスト削減など改善に終始した企業は、企業価値を下げています。

コロナ禍からの復興においても、決して現状維持にとどまるのではなく、社会の変化、ニーズの変化を機敏に捉えて、新しいことにチャレンジし続けることが、再成長するための一番の近道なのです。

コロナ禍からの復興期は、消費者のニーズ、競争環境、社会環境が大きく変動するため、実は大きなビジネスチャンスと捉えることができます。リーマンショックからの復興の過程で、成長への投資を怠らず、チャレンジをし続け、大きく企業価値を上げた企業に倣い、ぜひ、チャンスをものにして、大きな果実をつかみましょう。

第4章

# DXを成功させるために必要なこと

HOW?

## 企業文化変革であるDXの難しさ

様々な企業においてこれまで行われていた、いわゆる「デジタイゼーション」や「デジタライゼーション」というのは、一見するとDXと似たテーマというイメージがあります。しかし実際にはIT部門やEC部門など一部の部署の人間だけが関わるテーマにとどまっていました。

一方で、DXというのは、デジタルを活用したビジネスモデルの変革であり、全ての社員に関係してくるテーマです（図表4－1）。DXの取り組みを通じて、最終的にデジタルは空気のような存在にまでなり、当たり前のように今の企業活動に組み込まれているようになることが求められるのです。

今ではDXによるビジネスモデルの変革の必要性は幅広く認識されています。マッキンゼーがグローバルで実施した調査の結果を見ると、92％もの企業が既存のビジネスモデルのままではこの先、安泰ではないと考えていることがわかります。

一方で、DXは難しいテーマであり、前述の通り、マッキンゼーがグローバルで実施している企業変革の調査によると、DXを成功させたと答えた企業はわずか16％にとどまっているのです。

**図表4-1** DXとは最新デジタル技術で旧来のビジネスモデルを変革すること

| アナログ<br>Analog | デジタイゼーション<br>Digitization | デジタライゼーション<br>Digitalization | DX<br>Digital Transformation |
|---|---|---|---|
| 紙に印刷された情報、口頭での情報交換、手作業のこと | 情報のデジタル化を行い、データにすることで受け渡し、利用を簡単にすること | デジタルデータを用いて利便性を高めたり、新しいサービスを作ること | データとデジタル技術（クラウド・AI等）を使い、売上や利益を伸ばす仕組みやビジネスモデルを新しく創ること |
| 例：<br>・紙・FAX・新聞・電話<br>・レコード<br>・小売店舗<br>・車 | 例：<br>・Eメール<br>・WEBニュース<br>・デジタル音楽<br>・POS<br>・カーナビ | 例：<br>・チャット<br>・日本経済新聞電子版<br>・YouTube<br>・EC<br>・渋滞情報 | 例：<br>・電子マネー・ビットコイン<br>・遠隔医療・教育<br>・個人間商取引<br>・サブスク・自動運転 |

出所：マッキンゼー

## DXによる全社変革に共通する5つの成功要因

これまでマッキンゼーが支援を行った企業の中でも、過去10年に全面的変革を敢行し、18か月にわたって実績が取得可能な上場企業82社を分析した結果、変革プロジェクトでは共通する5つの成功要因が存在していることがわかりました（図表4－2）。それぞれについて見ていきましょう。

**成功要因1　圧倒的に高い目標値の設定**

多くの変革において、高すぎる目標をおいて失敗するということは、実はあまり問題にはなりません。実際はその逆で、最大の問題は、低すぎる目標をおいて、小さすぎる成功をしてしまうということにあるのです。低すぎる目標というのは「改善」にしかなりません。これまでのやり方では絶対に達成し得ないような目標を設定することで、はじめて「変革」が成り立つのです。

**成功要因2　トップによる変革の主導**

高い設定目標を達成することは容易ではありません。だからこそ、リーダーが組織内の意識を統一して、ビジョンを示し、自らがロールモデルとなり主導することが必要です。圧倒的に高い目標は、リーダーが支えなければ、すぐに「そんなの無理だ」とあきらめられてしまうでしょう。そうならないよう、リーダーが変革を主導することが重要となってくるのです。

## 成功要因3　現場主導での変革の実行

変革の実行を徹底することもかなりの困難を伴います。どんなに完璧な計画を立てたとしても、実行できなければ価値はありません。しかし、計画に対し60点であっても実行できたならば価値があるのです。本来、人というのは「変わりたくない」気持ちが強いため、いろいろな理由をつけて実行しなくてすむように、意識的・無意識的に行動してしまうものです。

つまり、多くの場合はできないのではなく、やりたくないというケースが多いのが実態です。そうしたなかで、全ての従業員が自分自身のことであると認識して、自分が変わらなければならないという、当事者意識を醸成して、現場主導での変革を徹底することが大事になってくるのです。

図表4-2　DXの5つの成功要因

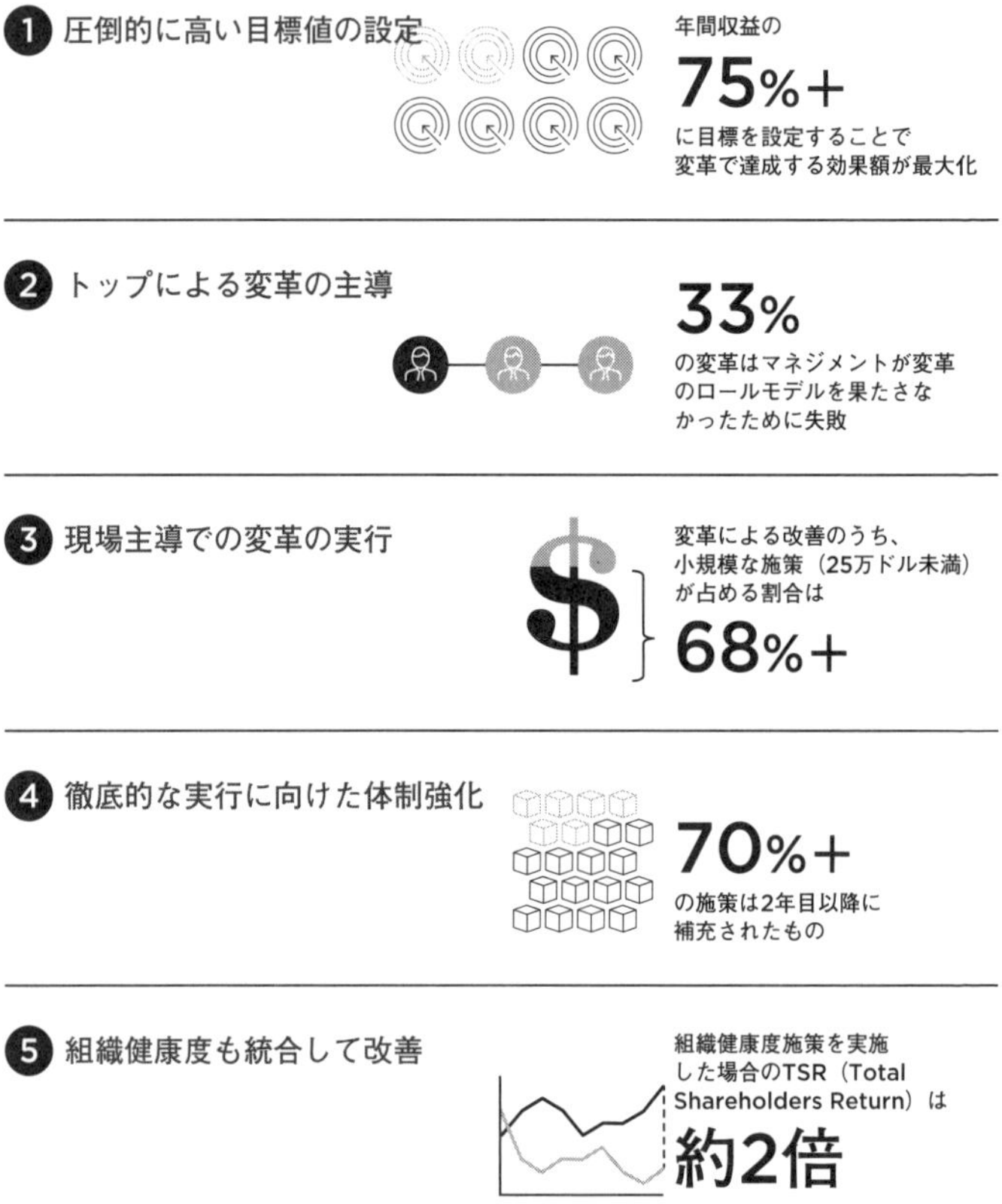
1 圧倒的に高い目標値の設定
年間収益の
75%＋
に目標を設定することで
変革で達成する効果額が最大化
2 トップによる変革の主導
33%
の変革はマネジメントが変革
のロールモデルを果たさな
かったために失敗
3 現場主導での変革の実行
変革による改善のうち、
小規模な施策（25万ドル未満）
が占める割合は
68%＋
4 徹底的な実行に向けた体制強化
70%＋
の施策は2年目以降に
補充されたもの
5 組織健康度も統合して改善
組織健康度施策を実施
した場合のTSR（Total
Shareholders Return）は
約2倍

出所：マッキンゼー

## 成功要因４　徹底的な実行に向けた体制強化

施策の70％は変革の初年度には計画がなく、2年目以降に追加されたものです。そのため変革を成功させるためには、継続的に実行に向けてアイデアを追加し、実行を徹底するための体制と仕組みを組織内に作りあげることが大切です。

## 成功要因５　組織健康度も統合して改善

変革活動というのは長期間にわたる取り組みであり、継続的に進化させていく取り組みでもあります。だからこそ、数字に表れる成果だけを見ていると息切れをしてしまいがちなのです。そうならないよう、業績として見える数字に加えて、業績の持続的向上の基盤となる組織運営・体制・仕組み・風土・スキルを構築していくことが求められます。

実際、組織健康度を継続的に改善している企業とそうでない企業との間では、長期的に見た際の成果に大きな差があります。

## ＤＸ成功のレシピ

### 6つの要素

ＤＸ成功のレシピ（PlayBook）は、マッキンゼーが年間１２００社、過去10年間のＤＸプロジェクトを通じた失敗事例・成功事例を基にした学びの集大成で、現在実施しているすべてのＤＸプロジェクトで実際に活用している教科書です。

このPlayBookは、６つの構成要素（ビルディングブロック）から成り立っています（図表４－３）。

まず１つ目は「戦略ロードマップ」であり、環境変化や競争環境を捉えて自社の長期的な競争優位性を築くために、どのような姿を目指すのか（＝ビジョン）を定性的・定量的に示すことです。

新規事業創出、顧客体験の再定義・付加価値創出、圧倒的な優位性を築くためのオペレーションのデジタル化のどのような領域を優先的に取り組むのか、またどの程度のインパクトを見込めるのか、といった内容まで踏み込むことが求められてきます。こうした戦略を実行するために必要な組織能力も欠かせません。

２つ目の要素となるのが「タレント」で、ＤＸの実現に向けてどのような人材（人

図表4-3 DX成功のレシピ（PlayBook）の6要素

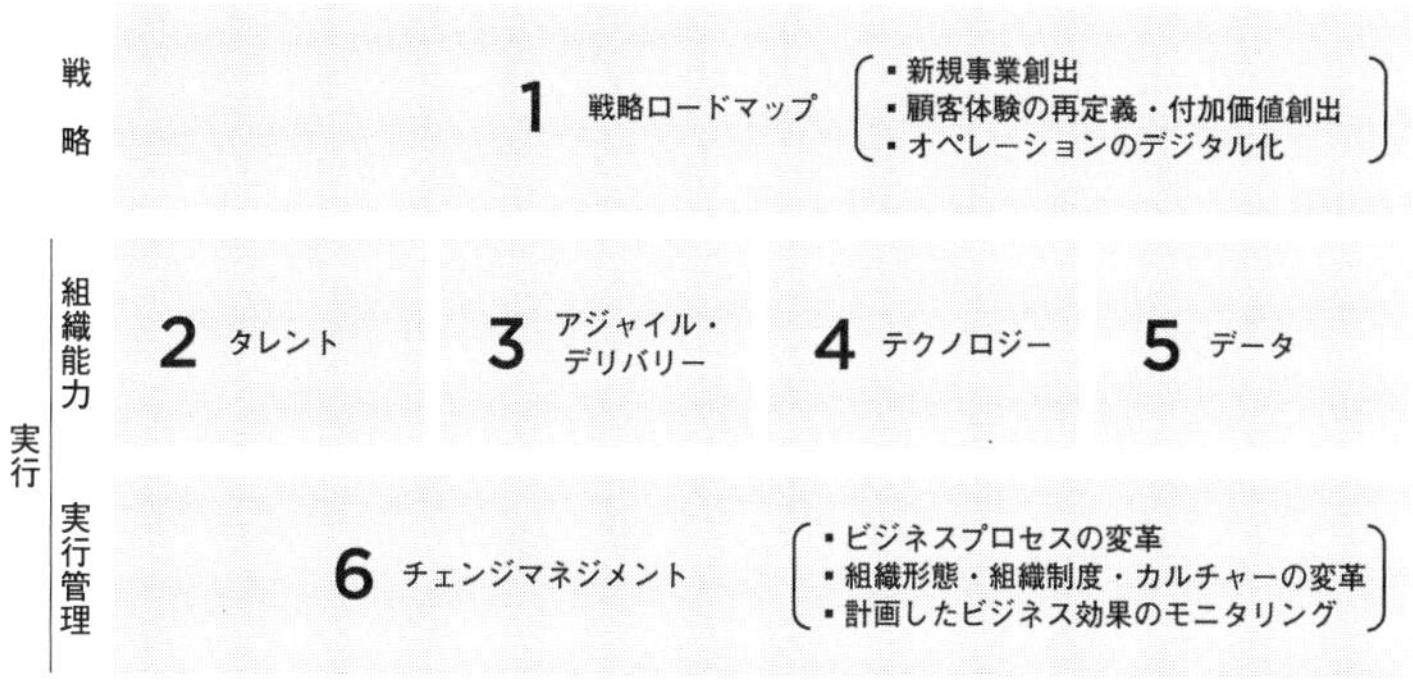


出所：マッキンゼー

財）がどの程度必要になるのか、そしてどのようにしてその人材を確保するのか、また優秀な人材が活躍するためにはどのような人事制度や仕組みとするのかを考えることが大事です。

3つ目は「アジャイル・デリバリー」であり、市場の変化に対応したデジタルソリューションを開発し、事業に組み込むために、どのように再現性のある手法を組織に埋め込むのかがポイントです。

4つ目は「テクノロジー」です。企業の中でどこまでを共通基盤として、どこからを個別に構築するのか、この切り分けが特に重要になります。そのうえで、クラウドベースのデータプラットフォームをどう構築していくのか、ソフトウェアをどう自動化していくのか、どのようなアナリティクスツールを導入していくのか、どのようにセキュリティを構築していくのかを考えていくことになります。

5つ目は「データ」です。将来的にどのようなデータを蓄積していくことが競争優位性につながるのか、またどのように組織横断的に活用できる信頼性の高い共通のデータベースを構築していくのかを検討することが大切になってきます。

そして、こうした組織変革を確実に実行して管理していくために、どのようにビジネスプロセスを変革するのか、どのように組織形態・組織制度・カルチャーを変革していくのか、どのように継続的にモニタリングをしていくのかといった「チェンジマネジメント」が6つ目の要素です。

## 日本企業の課題

第3章で述べた通り、日本企業には特有の「足枷」が存在します。PlayBookの各章で述べた方法で、4つの課題を丁寧に解決していく必要があります。

1つ目の「経営陣の同床異夢」については「戦略ロードマップ」で、2つ目の「デジタル人材不足」については「タレント」で、3つ目の「負の遺産（レガシーシステム）」については「テクノロジー」「データ」で、4つ目の「失敗が許容されない文化

**図表 4-4　成功するデジタル & アナリティクス変革**

| | | | | |
|---|---|---|---|---|
| 戦略 | 個別ユースケースの導入ではなく事業部門別に優先順位を設定し、事業課題を解決するビジネスリーダーに事業部門の再構想を担わせ、高い目標設定・目標責任・ユースケースロードマップを明確にする | | | |
| ケイパビリティ | **タレント（人材）**<br>デジタル人材を自社で教育<br>事業リーダーとTechリーダーの両者を トレーニング | **アジャイル・デリバリー**<br>デジタルソリューションを開発し、それらを事業に組み込むための再現性のある手法を考案する | **テクノロジー**<br>主なテクノロジーによるイネイブラー:<br>▪ クラウドベースのデータプラットフォーム<br>▪ ソフトウェアの自動化<br>▪ アナリティクスツール | **データ**<br>データケイパビリティへの投資の徹底<br>「信頼できる共通のデータベース」の構築 |
| 実行 | 実行に加え、オペレーティングモデルの変更を実施<br>技術への投資1円につき、1円以上の価値の具現化の方法を計画する<br>テクノロジー・ソリューション導入によるインパクトは、サイロ化によって阻まれ実現が難しいこともある<br>利益へのインパクトを実現するためには、強固で綿密な管理システムが必要 | | | |

出所：マッキンゼー

(アンチ・アジャイル)」は「アジャイルデリバリー」「チェンジマネジメント」で、それぞれ解決策を見つけていきます。

まず戦略ロードマップに関しては、多くの日本企業では、ビジョンを持つことなく、様々なアイデアをPoCで試して、改善を実施している段階にとどまっており、大きな変革につながっていないといえます。

またタレントについては、社内に事業とデジタルを理解する人材がおらず、プロダクトアウト的にソリューションを導入しているため、インパクトにつなげられていないのが現状ではないでしょうか。組織全体が外部の人材を活用できる体制になっておらず、優秀な人材を採用しても活躍できずに辞めてしまうことも問題です。

アジャイル・デリバリーに目を向けると、実際には多くがウォーターフォール型での取り組みとなっており、気づいたときには顧客のニーズに合わないソリューションが開発されていて、追加の開発が必要になってしまい、市場投入までに非常に時間がかかるケースが多々見受けられます。

そしてチェンジマネジメントを含む組織変革では、減点主義や失敗することを恐れる文化が日本企業にはあるため、組織全体の取り組みではなく、一部の人が自分の範囲内でコントロールできて完結できるような取り組みのみ実施するにとどまっている傾向にあります。

さらにテクノロジーやデータについても、十分に活用できる環境が構築されておらず、PoCから本番環境へ実装したうえでインパクトをスケール（拡大）することができていないのではないでしょうか（図表4－4）。

ここからは、DX成功のレシピの6要素のそれぞれの項目についてより詳しく説明していきましょう。

## 要素①戦略ロードマップ

多くの企業では、デジタルの取り組みとして、様々なデジタル施策を実施しています。しかしながら、そうした施策を通じて、どのような姿（ビジョン）を目指しているのか、どのように持続的な競争優位性を築いていくのかが見えないことがよくあります。まさに、「経営陣の同床異夢」状態が、あらゆる企業で散見されます。そうならないよう、ユースケースではなく、優先的に改善すべきドメインを選定することが重要となってくるのです（図表4－5）。

DXというのは、企業のビジネスモデルの変革です。当然、中長期的な取り組みに対して投資をしていく必要もあります。デジタル技術によってどのように変革するかの具体的なイメージが描けるかどうか、産業革命的な変化が起きていく中で、今までの延長線上ではない、新たな競争優位性を描く必要があります。

こういったビジョンがないと、短期的に投資対効果が見込めない施策は後回しとなりがちです。また、経営陣の間の同床異夢（同じDXといいながら、実際は全く違うことを考えている）が起こってしまい、競争優位性を築くために本当に重要な領域には投資ができない結果に終わってしまいます。

## 図表4-5 ユースケースではなく、優先的に改善するドメインを選定する

| | ドメイン | ユースケース | | | | |
|---|---|---|---|---|---|---|
| マーチャンダイジングとマーケティング | オフラインの店名とフォーマット | インサイト取得の自動化 | ソーシャル・リスニング | 立地計画 | マーケティングのROI | マクロスペースの最適化 |
| | アソートメント | 取扱商品の選択・最適化 | ローカリゼーション | マイクロスペースの最適化 | 自動化されたプラノグラム作成 | |
| | 価格、販促 | 価格最適化 | 販促の企画・効果 | 販促のパーソナライゼーション | 値引きの最適化 | |
| | 調達 | アナリティクスを活用したベンダー交渉 | 商品情報管理 | | | |
| オペレーション | サプライチェーン、倉庫管理 | MLを用いた計画と需要予測 | 物流の動的ルーティングの最適化 | 補充の自動化 | 倉庫ロボティクス | 安全に関する説明的・予測的アナリティクス |
| | 店舗オペレーション | アロケーション最適化 | ダイナミックな mix/max 法による（在庫ウェイト）最適化 | レジの自動化/レジ無し | 店舗ロボティクス/デジタル支援 | アナリティクス対応のパフォーマンス管理 |
| オンライン | オンライン | ラストワンマイルの最適化 | 機械主導の注文技術/音声注文 | 次回購入商品（NPTB）アルゴリズム | オンラインマーケティングアナリティクス | |
| サポート | サポート部門 | RPA（ロボティクス・プロセス・オートメーション） | ワークフローの最適化 | レポーティングの自動化 | 人材アナリティクス | |

部署横断の統一の顧客ビュー

ワークフローの自動化、パフォーマンスのトラッキング、根本原因分析、レコメンデーション（リアルタイムのビジネスインサイトダッシュボードなど）

出所：マッキンゼー

ビジョンはトップが作らないといけないものです。そのためにも、まずトップが強い危機感を持っていることが成功のカギを握ります。トップが危機感を持っていなければ、どう生まれ変わるかのビジョンも作れません。

今の延長線上にある活動では、10年後には生き残れないという認識を持つ必要があるでしょう。そのうえで、トップが次世代を巻き込みながら、自社のありたい姿を構想し、目指す姿を定量的・定性的な意味の両面から明確にするのです。当然、競合や市場を見据えて相対的にどういう位置づけになるのかという視点も大事でしょう。このビジョンは組織が進むべき羅針盤となるものです。

日本企業でよく見られる課題として、トップがビジョンを作るためのケイパビリティがないことが挙げられます。ビジョン構築には、業界の消費者・競合・市場に対する深い洞察とテクノロジー、テクノロジーが解決できる課題に対する深い洞察が欠かせません。そして特に日本ではテクノロジー活用が遅れています。海外における最新の活用方法と、日本組織のダイナミズムを理解したうえでの実行への洞察、その両面があってはじめてビジョンが作れるのです。ここでは、経営課題とテクノロジーの双方に精通した外部のエキスパートを活用することも有効です。

## 要素②人材

2012年のHBR（Harvard Business Review）において、データサイエンティストは21世紀で最もセクシーな仕事として注目を浴びました。しかし2018年には、同じくHBRで人材として重要なのは、データサイエンティストではなく、むしろ「トランスレーター」となっています。

トランスレーターとは、デジタル・アナリティクスと事業ニーズの間をつなげることで、事業変革を推進できるスキルを持った人材です（図表4－6）。通常、ビジネスや業界の知見を保有し、現場のペインポイントを理解したうえで、デジタル技術を活用することで、どのような問題をどう解決できるかを設計できる人となります。このトランスレーターがいるかどうかが組織のDXの成否を分けるのです。DX変革は現場主導で実施するものですから、その中心となるのがこのトランスレーターであるといえるでしょう。これが、DXにおいて各企業で最も不足しているデジタル人材の正体です。データサイエンティストでもエンジニアでもなく、本当に不足しているのは、事業もデジタルもわかり、その両者の間を通訳してつなげることができるトランスレーターなのです。これは自社の業務プロセスを深く理解している従業員をリスキ

**図表 4-6** 技術エキスパートだけでなく、事業ニーズをデジタル・アナリティクスにつなげるトランスレーターがカギを握る

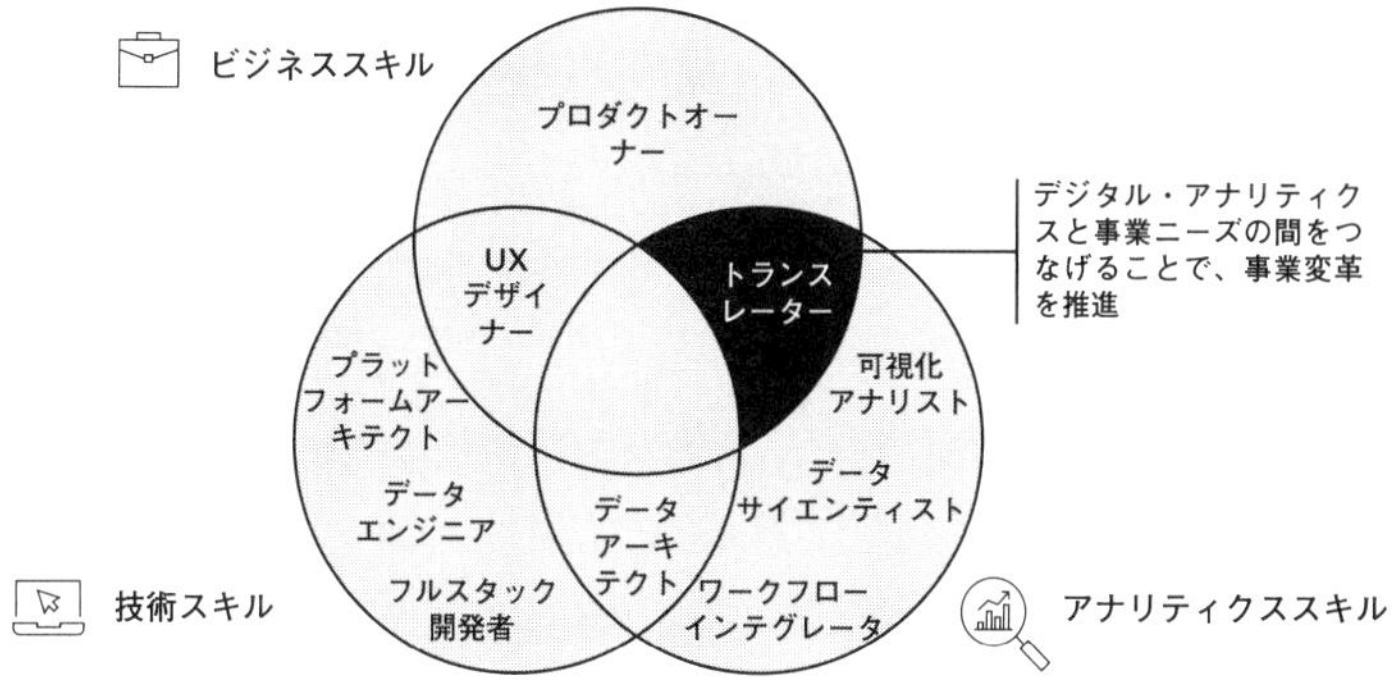


出所：マッキンゼー

ルし、デジタル・アナリティクスの知識を補強することで育成するのが効率的です。

また、経営者の役割も重要となってきます。DXを進めるうえで経営層に求められる役割は、デジタルを理解したうえで、デジタルが浸透した世界でのビジョンを描き、デジタル変革を主導することです。そこで主要課題を定義し、仮説を構築した後に、組織のマインドセットと行動の変容を促していき、「可能性」を示して周りにインスピレーションを与えることが求められます。さらに、トップダウンで指示するのではなく、現場の実行を全力でサポートすることも求められます（図表

**図表 4-7** 経営陣の役割は、トップダウンの指示ではなく、ビジョンを示し、現場の実行を全力で助けること

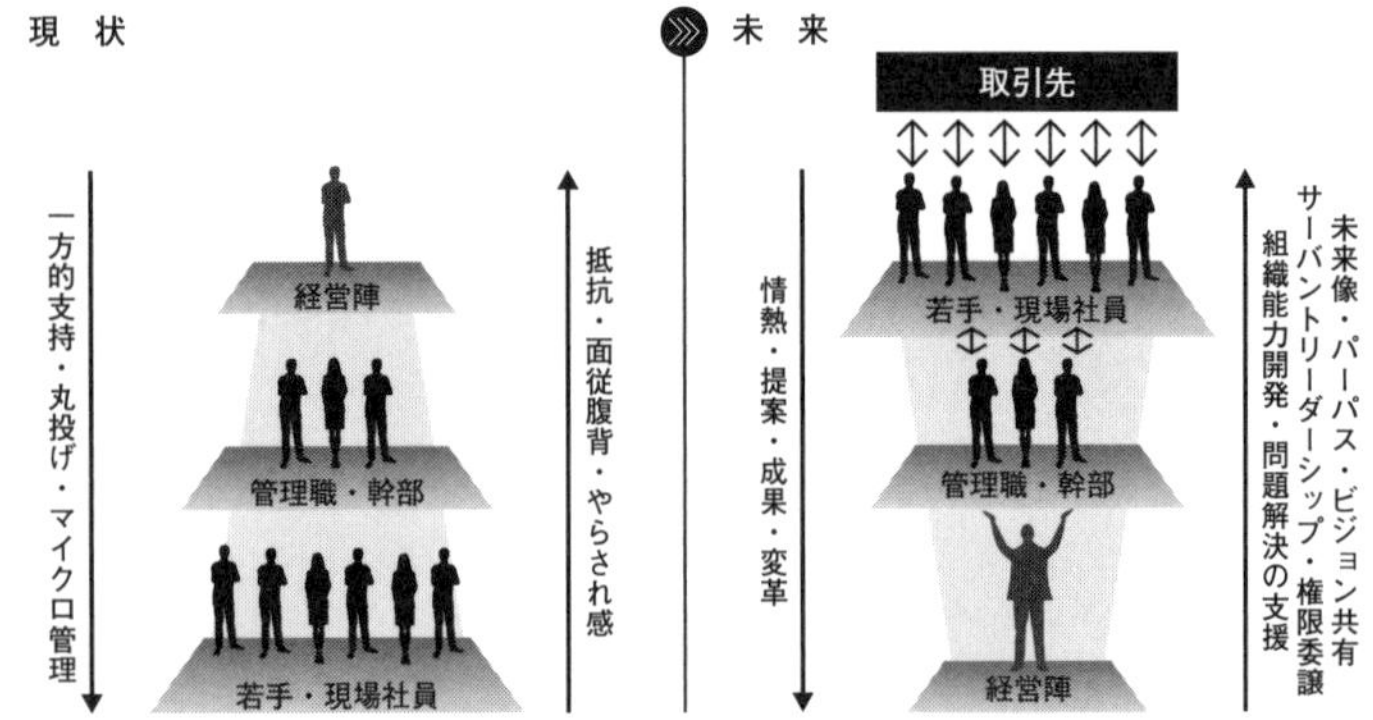


出所：マッキンゼー

4－7)。

一方で、DXに必要な人材を確保するためには、組織の中の人材をリスキル（再教育）することも大事です。このリスキルは、組織のほぼ全社員に必要となり、OJTと座学の組み合わせで習得していくことになります。

日本企業には、例えば理系の素養を持っているもののその能力を活かしきれていない人間が多く存在しており、このような人たちのスキルを再教育していくことで大きな効果が期待できるのです。

これからの時代、デジタル技術を理解せず戦略を立てるということは、英語を使えず海外のことを理解せずに海

外戦略を立てるのと同じことと言っても過言ではありません。全く競争優位性のない戦略を立てることになるからです。

## 要素③アジャイル・デリバリー

日本企業が最も苦手なのがアジャイルです。縦割り分業型組織で、石橋をたたいて渡る日本企業の文化はアンチ・アジャイル、水と油と例えてもいいくらい、真逆の概念だからです。それもあってか、日本企業では、アジャイルの根本を理解しないでアジャイルという言葉だけが独り歩きしている状況によく遭遇します。ある組織では、一度作ったものを反復的に修正することをアジャイルと呼んでいましたし、PDCAを高速で回すことをアジャイルであると呼んでいる組織もありました。

いずれの組織も、これまでの活動のある側面を切り取り、バズワード的にアジャイルという言葉を使っているに過ぎないといえます。この状況が危険な理由としては、本来アジャイルがもたらす便益を組織が受けられないということにとどまらず、このような誤解が、デジタル人材を幻滅させてしまい、デジタルリテラシーが低い組織とみなされて優秀なデジタル人材が確保できなくなるということが挙げられます。

そもそもアジャイルの根本にある思想とは、ミッションに基づき、異なる専門知識を持った人々が1つのチームに集まって、最短のタイミングでベータ版プロダクトをリリースし、その後継続的なフィードバック収集・処理することにより、開発と改善を反復的・漸進的に推進することです。

そしてアジャイルが組織に定着すると、企業は短い時間でプロダクトを市場に投入することができるようになり、より多くのプロダクト開発が既存リソースのまま行えるようになります。これにより、抜本的な顧客体験の変革につながるサービスを提供できることとなり、開発コストを圧倒的に削減しながら、デジタルの世界で優秀な人材を維持することまでもが可能になるのです。

ある北米の金融サービスの事例では、プロダクト開発にかかる期間が2年から6か月にまで短縮され、対してローンチするプロダクトの数は1～2個から8個にまで増加。これにより、それまで10日かかった口座開設が5分でできるようになり、これまでにない顧客体験を提供するとともに、開発コストに関しては、テクノロジーチームのエンジニア1人あたりのマネジメントコストが50％も削減されたのです。

### アジャイルの実現に求められるもの

日本企業に多い、詳細な指示と厳密な計画に基づく「機械」的な組織においては、従業員は「歯車」としての役割を担いがちです。しかしながら、アジャイルアプローチにおいては、組織を有機的なシステムとみなし、従業員は各々のタスクやプロジェクトにおいて組織の壁を越え素早くかつ効果的に協力し合うといった考え方が必要となります。

そこでリーダーには、やるべきことを決めトップダウンで指示を出すという従来の絶対的な存在から、従業員が効果的に各々の仕事をこなせるよう方向性を示し仕組みを整えるという触媒としての存在への変化が求められます。

ストレスや複雑な事柄からはできる限り従業員を遠ざけ、重要な情報へは限られた人々のみがアクセスできるといった旧来の状況から、全ての従業員を一定の不確実性およびストレスの下に置くように変えることで、成長を促すとともに柔軟性を担保可能な組織へと生まれ変わるでしょう。そして情報は基本的にオープンにすることが肝要です。また、定められた成果と計画に対する最適化から、予想外の出来事（ポジティブ・ネガティブ両方含む）への対応の最適化へとシフトしていくことも大事です。

## アジャイルアプローチの5つの要素

アジャイルアプローチにおいては、大きく5つの要素が存在しています（図表4－

8)。

まず1つ目の要素が顧客を理解することです。顧客とは常に対話を続けることで、変化にどう対処すべきかの羅針盤とします。

2つ目は部門横断のチームで働くことであり、部門横断のチームと共同で創造し、社内の組織の壁を壊し、ソリューションを改善し、士気を高めていきます。

3つ目は小さく始めて、大きく考えるというスタンスであり、ここでは顧客の最終目的に注力し、新たな水準のインパクトを目指しつつも、テスト&ラーンを通じて小さく着手することがポイントです。

続いて4つ目の要素は、まさにアジャイルの本質ともいえる反復を繰り返し迅速に提供することであり、早期段階で機能する製品を顧客の元に届けながら、迅速に学習することで、市場に出すまでの時間を短縮化します。

そして最後の5つ目は、チームに権限委譲して責任感を持たせることです。チームにはエンド・ツー・エンドの主導権と結果に対する責任を与えつつ、リーダーは、方針やフィードバックを提示して、障壁があれば取り除くという役割を担います。

**図表4-8** アジャイルアプローチの5つの要素（デジタルの場合）

| | | | |
|---|---|---|---|
| 1 | 顧客を理解する | 顧客とは常に対話を続けることで、変化にどう対処すべきかの羅針盤とする | 顧客に対してこだわりぬく姿勢でイニシアティブをニーズと結びつける |
| 2 | 部門横断のチームで働く | 部門横断のチームと共同で創造し、社内の組織の壁を壊し、ソリューションを改善し、士気を高める | イニシアティブの取り組みでは部門横断チームを活用する |
| 3 | 小さく始めて、大きく考える | 顧客の最終目的に注力し、新たな水準のインパクトを目指しつつも、テスト&ラーンを通じて小さく着手する | 目標は高く掲げつつ、まずは MVP の設計に続いて展開に注力する |
| 4 | 反復を繰り返し迅速に提供する | 早期段階で機能する製品を顧客の元に届け、迅速に学習することで市場に出すまでの時間を短縮化する | 納品を推進しつつ素早い繰り返しによってコンセプトをテストする |
| 5 | チームに権限委譲し責任感を持たせる | チームにはエンド・ツー・エンド（E2E）の主導権と結果に対する責任を与え、リーダーは方針やフィードバックを提示して、障壁があれば取り除く | チームは E2E で主導権と責任を担う。リーダーは方向性とフィードバックを提供し、障壁を取り除く |

出所：マッキンゼー

**図表 4-9** あわせて組織文化も変えていくことが必要

| | From... | To... |
|---|---|---|
| 消費者志向 | 企業の論理優先<br>技術主導の商品販売 | 消費者・顧客中心の意思決定<br>顧客の体験を最大化するサービス提供 |
| 権限委譲 | トップダウンでの命令、部下からのお伺い、上司の承認 | 社員自らの自己統制による自走 |
| 部門間連携 | 部門間での情報連携の悪さ、遅いプロセス | 他部門との円滑な連携による無駄の排除、スピード向上、イノベーションの促進 |
| 失敗を許容しない文化 | 失敗＝悪、評価が悪くなる<br>出る杭は打たれる | 経営層による“Fail-fast”の奨励と、失敗から学んだ社員を高く評価する仕組みの導入 |
| | 過去にうまくいったことをそのままやっていればよい | 新しいことにチャレンジし、新しいことを学ぶ、テスト＆ラーンの実践 |
| | 仕事は、ゆっくり確実に、言われたことさえやっていればよい | 上司による早いフィードバックに基づく、部下による早い改善 |
| | やってもやらなくても一緒<br>どうせ法律で“クビ”にできない | 減点主義から加点主義への変更<br>評価が良ければ若者が早く昇進する仕組み |

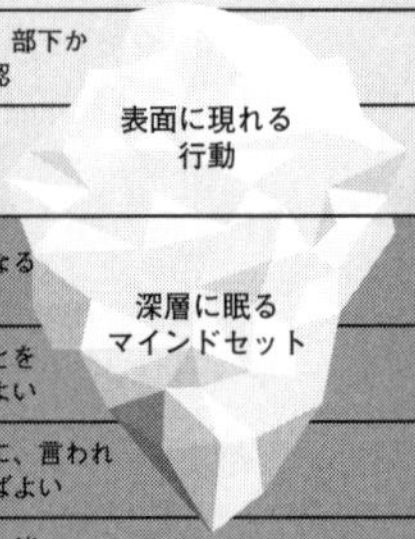


出所：マッキンゼー

## 真のアジャイル実現に求められる変革とは

日本企業においてアジャイルなアプローチでデジタルプロダクトを開発するためには、従来の「ＩＴベンダー」に頼るモデルからの脱却が欠かせないでしょう。内製化されたアジャイルな組織への変革が不可欠であり、そこでは事業とＩＴが一体となり、事業インパクトに直結するプロダクト開発をできるかどうかが成功のカギとなってきます。

さらに、アジャイルの仕組みを組織に定着させるためには、組織文化自体も変えていくことが必要となります（図表４－９）。表面に現れる行動として、消費者志向、権限委譲、部門間連携をいかに進めたとしても、深層に眠るマインドセットが変わらなければ効果は望めないでしょう。失敗を許容しない文化、前例踏襲の文化といった日本企業に根強く染み付いた文化に対して、トップ自らがロールモデルとなりながら変革を促す必要があるのです。そうしなければ、仕組みは入れていたとしても、本質的に重要なことが骨抜きになり、新たな働き方は定着しないでしょう。

これからの、変化が激しく、将来が不透明で、予想外の出来事が常に起きる世界においては、様々なシナリオを想定してその変化に迅速に対応していくことができる組織であることこそが、持続的な成長を実現するうえで非常に重要となってくるのです。

## 要素④テクノロジー

日本企業におけるDXの最大の壁の一つは、レガシーシステムかもしれません。このレガシーシステムは、過去30年以上にわたり、IT部門とITベンダーが都度補修することで、なんとか動かしてきた歴史的遺産です。なぜ、今になって技術的負債と呼ばれるほどの大きな問題になったのか、その歴史から紐解き、解決手段を探っていきましょう。

## 技術的負債に立ち向かう

### レガシーシステムがＤＸを頓挫させる

テクノロジーについては、ビジネス部門の方からは、縁遠い世界であるかのように思われるかもしれません。しかし、ＤＸを進めるうえでは切っても切れない領域です。

切っても切れないという理由は、日本では、レガシーシステムや技術的負債（Tech Debt）と形容される、古くなったＩＴシステムがＤＸの早期実現の大きな壁になるからです。最悪の場合、これを理由にＤＸプロジェクトが頓挫することもあります。

レガシーシステムは、過去20～30年の間に、都度発生した業務要件を実現するために、機能のつぎはぎが繰り返され、複雑化・老朽化していった歴史を持っています。複雑化・老朽化が起こった原因は、3つあります。

1つ目は「業務の標準化の欠如」です。欧米のように、業務プロセスをパッケージシステムの標準機能に合わせるのではなく、日本では紙ベースで進めていた時代の業務プロセスを、そのままシステムに置き換えてしまったので、大規模なカスタマイズ（企業独自の機能の追加）が施され、システムが複雑化してしまいました。

2つ目は「部門別サイロシステム」です。日本では事業部門ごとにＩＴシステムがバラバラに導入されるケースが多くあります。部門の業務を最適化することが最優先であり、各部門がそれぞれIT予算を所掌しているケースが多くありました。

3つ目は「全社アーキテクチャの欠落」です。部門別サイロシステムを構築する際には、自社のIT部門は複数の異なるITベンダーに開発を委託するのが通例です。その結果、ITベンダーごとに異なる思想で設計されたシステムができあがりました。

こうして、過去30年の歴史を経てできあがってしまったレガシーシステムのデータは部門ごとに分裂し、DXの一丁目一番地である、企業が顧客を理解しようとする活動を阻害してしまうのです。

## データ抽出に3か月かかる組織

例えば、ある銀行では、法人顧客のセグメンテーションを行いたくても、顧客ごとの取引データを把握することは簡単ではありません。取引といっても、商談、与信稟議、融資実行、顧客応対など、それぞれ異なる部署が担当し、システムも別々です。

同様に、ある製造業では、CEOが今年の目玉商品Aの売上と利益を、国別に比較せよと指示したところ、その結果が見えたのは3か月も先になってからでした。国ごとに異なる商品コードを変換し、異なるリベート構造を加味し、異なる固定費の配賦基準を反映するなど、様々な手作業を経ないと正確なデータが抽出できなかったのです。

この状況に大きな危機感を覚えた経済産業省は、レガシーシステムのせいでDXが進まないため、2025年までにレガシーシステムから脱却せよという提言（「2025年の崖」レポート：第2章参照）を出しました。

これを受けて、IT部門は一斉にレガシーシステム脱却プロジェクトを始めることになります。しかし、近年のビジネス部門のDX熱の高まりを受けて、「レガシー脱却のため、IT部門のキャパシティが不足して、DXが進められない」「レガシー脱却と掲げながら、うちはクラウドすらまともに使えていない」「うちのIT部門はどうもベンダーの言いなりになっていないか?」あるいは「うちは、また別のレガシーを作ってしまうのではないか?」といった、IT部門の技術力不足・アーキテクト不足や、ビジネスとIT部門の連携不足に関連する問題が懸念事項となっています。

次の3点が特に大きな課題です。

課題①レガシーシステム脱却とDXの両立
・IT部門は、レガシー脱却やSAP更改で忙しく、DXに協力してくれない
・IT部門は、DXを推進しているが、ビジネスから協力が得られず、大きな効果

が出ていない

課題②クラウド化の加速とセキュリティの両立

・IT部門は、セキュリティリスクを理由にクラウド利用を許可してくれない

・IT部門は、社内システムを守るのに必死で、スマホからのアクセスを許可してくれない

課題③モダナイゼーションによるDXの加速化

・IT部門は、仕事が遅い割に、費用がかさみ、事業への貢献が見えない

・IT部門は、ITベンダーの提案を伝書鳩のように持ってくる。技術の目利きができていない

次節以降で、それぞれの課題の深掘りと、その解決の方向性を見つけていきたいと思います。

## 課題①レガシーシステム脱却とDXの両立

ＤＸの推進体制に関して、先に述べたような不満を経営幹部やビジネス部門からよく聞きます。しかし、ＩＴ部門の代弁をするならば、ＩＴ部門は自分たちに与えられたミッションを忠実にこなしているだけともいえます。

「２０２５年の崖レポート」が民間企業に大きなショックを与えて以来、「レガシーシステムから脱却しなければ生き残れない」という認識が広がり、20〜30年使ってきた基幹系システムを、最新のシステムに置き換える作業が一斉に始まりました。

製造業ではＳＡＰ更改、ＰＤＭ（Product Data Management：製品情報管理システム）・ＰＬＭ（Product Lifecycle Management：製品ライフサイクル管理）の導入、銀行ではコアバンキングシステムの置き換えなどのプロジェクトに、ほとんどのリソースを投入してきました。通常これらは2〜3年、長くて5年以上の期間を要するうえに、数十億〜数百億円の費用がかかるため、その作業にかかりきりになるのは当然です。

そんなさなか、欧米に遅れること5年、日本にＤＸブームが到来し、9割以上の大企業で一気にＤＸが始まったのです。まだ２０２５年の崖を乗り越えるための基幹系システムの更改途中であるＩＴ部門に対し、それに加えてＤＸもやりなさい、しかも早く結果を出しなさいと要求するのは、多くを求めすぎなのかもしれません。

では、いったいどうすれば、DXとレガシー脱却を両立しながら推進し、大きなビジネス効果を生み出せるのでしょうか。

## 経営幹部主導のアプローチ

そこで、この問題を解決するために私たちが提案しているのが、レガシー脱却とDXを融合させ、社長または経営幹部が主導権をもって進めるやり方です。

前述の通り、IT部門は基幹系システムの更改に忙しく、一方で、DXを推進するビジネス部門は、先端的なクラウドツールなどを利用し、早く効果を出したいという要望があります。社長・経営幹部が主導し、ITとビジネスを融合させてプロジェクトを推進する方法がこれを解決します。工数負荷を50~60%削減しつつ、1年後に刈り取れるビジネスインパクトを2~3倍にすることが可能です。

一番の肝は、ビジネスインパクトに基づく要件の優先順位付けを行うことで、レガシーシステム脱却のプロジェクトで実現するカスタマイズ要件を大幅に削減する一方、本当にインパクトの大きな要件は、DXプロジェクトにおいて、より安価で柔軟なクラウドなどのソリューションを用いて、より早期に実現するという点です。

本当にそんなことが可能なのでしょうか？　これを成功させるカギは、レガシー脱却でもDXでも、ビジネス部門が要件を決める主体であるというところです。ビジネス部門が主導して「システムではなく、業務を見直す」「不要な業務要件は勇気をもって断捨離する」「逆に付加価値が大きい要件は、ITに早期に実現してもらう」という意思決定が早めにできれば、この課題は解決できるはずです。

なぜこの方法が有効なのでしょうか。逆説的ですが、典型的な失敗例を見ていきましょう。

## IT部門とビジネス部門のすれ違い

レガシーシステム脱却プロジェクトにおいて、基幹系システムを更改する際、IT部門は必ずビジネス部門に業務要件を確認します。例えば、SAPなどのERPの更改の場合、業務要件定義フェーズにおいて、どの業務を対象にするか、業務標準化の範囲をどう設定するか、マスタはどの程度統合するのか、それらに基づき、どの程度自社独自のプロセスに合わせてカスタマイズするのかを決定するのが一般的です。

要件定義フェーズでは、IT部門の協力要請に応じて、ビジネス部門は各部門から数人ずつメンバーを派遣しますが、あくまでもIT部門のプロジェクトに協力するという建付けです。しかも、要件定義は3か月以内に完結させるなど、ビジネス部門は決められた期間内に結論を出すことを求められます。

この場合、IT部門から与えられた検討の時間が少ないため、ビジネス部門は「ゼロベースで業務を見直す」ということにまで時間を割けず「とりあえず、いまやっている業務は再現してほしい」といった判断が多くなります。限られた時間内で、現場レベルの担当者が「いまやっている業務をやめる」「変える」という判断を下すには、大きな勇気が必要です。彼らが恐れるのは、自分の責任権限で意思決定して、あとから問題になったらどうしようという不安です。また、その判断で消費者や顧客に迷惑をかけたくないという心理も働きます。そうなると、「既存業務プロセスを踏襲し、SAPをフルカスタマイズして実現」という方向になってしまいます。

IT部門から見れば、それが正式な要件になります。続く設計などのフェーズもITベンダーに委託して、多くのカスタマイズが実施されます。結局、プロジェクト期間は2年、3年と延び、費用も予定より超過してしまうのです。

加えて、この超過傾向に拍車をかけているのはシステム構築を請け負うSIer側のスタンスです。日本企業で多く見受けられるのは、要件定義工程とそれに続く設計・開発工程を同じSIerが請け負うケースです。人月単価をベースにしたビジネスを展開する多くのＳＩｅｒにとって、収益の大きな源泉となるのは設計・開発工程において プロジェクトに配属する大量のエンジニアであり、そのボリュームを左右するのはカスタマイズの規模と複雑性です。ＳＩｅｒのビジネスの性質上、技術的に実現可能な限り、カスタマイズ要件が多ければ多いほど、また複雑であればあるほど潤うという構図のため、カスタマイズ要件を能動的に抑え込む力学が働かないのです。

## パッケージに合わせるという意思統一

これを避けるために生まれたのが、経営レベルでレガシーシステム脱却とＤＸの方針・進め方を意思統一し、両者を融合して進める方法です。海外先進企業においては、この進め方が定着しており、例えばＳＡＰの標準機能・標準業務プロセスは、カスタマイズを最小限に抑えるという鉄則を、社長・経営幹部まで含めて、意思統一してからプロジェクトを始めます。

つまり、ＳＡＰで提供される標準プロセスに自社のプロセスを合わせるという意思決定が経営レベルでなされているのです。その代わり、ビジネス価値が高い要件、競合との差別化につながる要件は、世間でデファクトになっているようなクラウドやローコード等のソリューションを機動的に活用して、より早く実現するように、という方針がＩＴ部門に示されます。繰り返しになりますが、ＤＸの成功の鉄則は、必ずビジネス起点で、まずは戦略の立案から行うことです。

言い換えれば、会社として10年後に目指す姿、競合と差別化できる価値の源泉の定義を明確に行います。そこから、3年後、そして1年後の事業目標にさかのぼります。3年以内にα事業の売上をＸＸ億円増やしたい、そのためにはA、B、Cの施策を実施したい。3年以内にβ事業のコストをＹＹ億円下げたい、そのためにD、E、Fの施策を実施したい。このように、ビジネス主導で正しく戦略立案を行っていれば、実施したい要件がおのずと明確になり、それぞれの要件には、売上・コストにどれだけ貢献する施策かという値札をつけることができます。この値札をつける行為が最も大切で、これにより費用対効果を見ながら、要件に優先順位をつけることができます。

このプロセスでは、ビジネス部門とＩＴ部門がワンチームで働き、各要件について、ビジネス価値と実行可能性などの共通の基準で議論し、迅速にアジャイルな意思決定をしていきます。一般的なＤＸプロジェクトでは数か月以内に効果が出るようなスピード感での施策実行が必要になります。

図表4-10 SAP更改とDXを融合させて進める方法

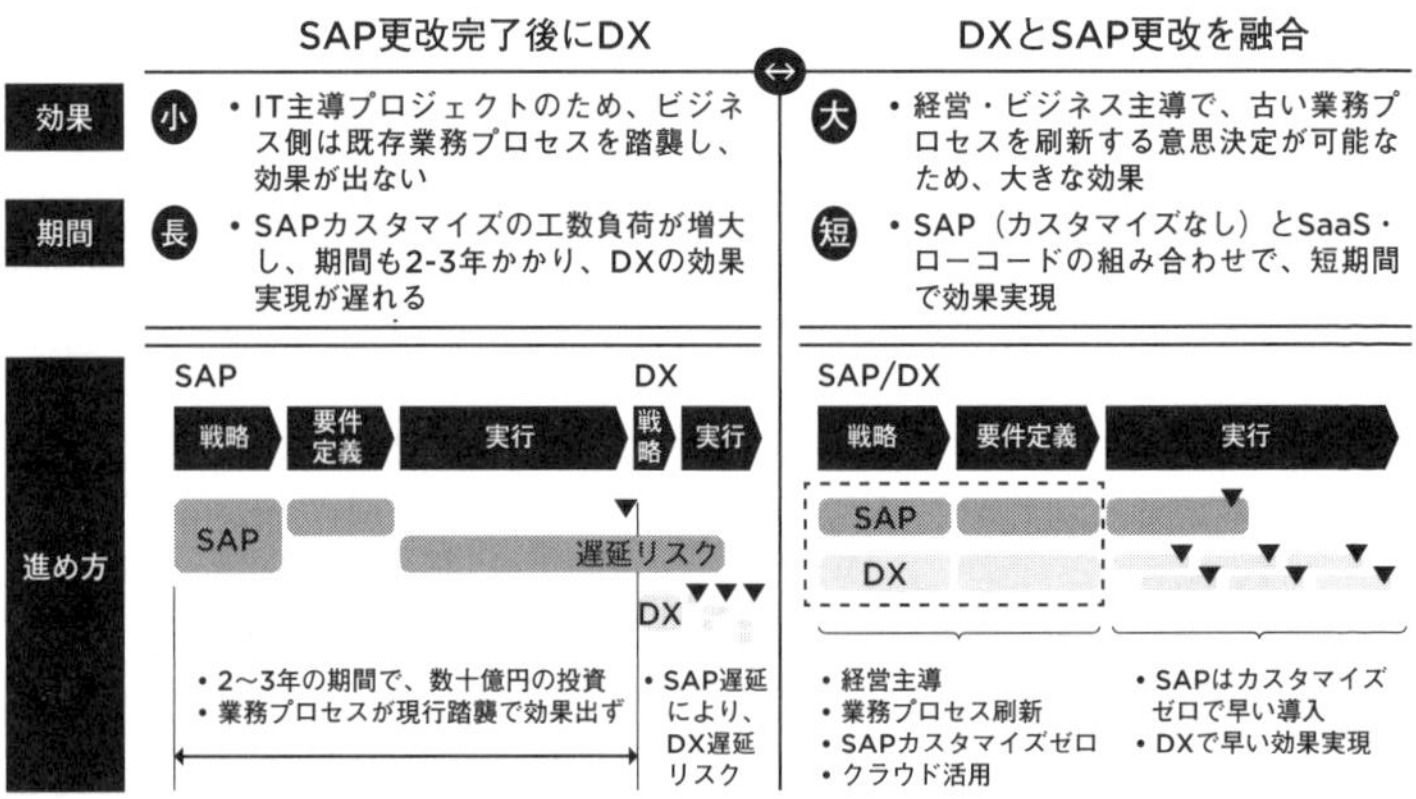

SAP更改完了後にDX
DXとSAP更改を融合
効果
小
・IT主導プロジェクトのため、ビジネス側は既存業務プロセスを踏襲し、効果が出ない
大
・経営・ビジネス主導で、古い業務プロセスを刷新する意思決定が可能なため、大きな効果
期間
長
・SAPカスタマイズの工数負荷が増大し、期間も2-3年かかり、DXの効果実現が遅れる
短
・SAP（カスタマイズなし）とSaaS・ローコードの組み合わせで、短期間で効果実現
進め方
SAP
DX
戦略
要件定義
実行
戦略
実行
SAP
遅延リスク
DX
・2～3年の期間で、数十億円の投資
・業務プロセスが現行踏襲で効果出ず
・SAP遅延により、DX遅延リスク
SAP/DX
戦略
要件定義
実行
SAP
DX
・経営主導
・業務プロセス刷新
・SAPカスタマイズゼロ
・クラウド活用
・SAPはカスタマイズゼロで早い導入
・DXで早い効果実現

出所: マッキンゼー

## 現場任せにしないことが変革の近道

まとめると、経営レベルの指揮のもと、DXとITを融合して進めます。進める順番は、まずビジネス戦略、次にDX戦略・DX施策立案、DX施策への値札付け、それを、SAPの標準機能（カスタマイズ最小限）、もしくは、他社クラウドソリューションのどちらで実現したほうが、より早期に、より大きな効果を実現できるか、について値札に基づきビジネス部門とIT部門がワンチームで優先度をつけて意思決定を行います（図表4－10）。

これにより、SAP更改の全体工数を極小化しつつ、DXの価値創出を早期化するという難題を両方解決していけるのです。このようなプロセスをたどっていると、時間がかかるように聞こえるかもしれませんが、現場任せにせず、戦略に立ち戻り、経営レベルで意思決定し、ビジネス・IT間の強固な連携を作って進めることが、全社変革を実現するための、一番の近道なのです。

## 課題②クラウド化の加速とセキュリティの両立

### 日本のクラウドは7年遅れ

先に述べたように、クラウドの活用は、ITのモダナイゼーション、引いてはDXの成功にとって欠かせない存在となっています。その背景にあるのは、AWS、Azure、GCPに代表されるクラウドサービス事業者による急速なサービスの拡大と進化です。

企業にとってクラウドを活用する最大のメリットは、それまでの料金の柔軟性や弾力性といったコスト的な観点から、新サービスや新商品を早期に実現するためのスピードへと移行したといえるでしょう。

スタートアップや新規参入するプレイヤーにとって、クラウド・ネイティブと呼ばれるITシステムを全てクラウド上で稼働させることはデファクトとなっています。

ところが、あるレポートによると、「日本のクラウド化は、欧米に比べて7年遅れ」「日本はクラウド抵抗国」などといわれており、グローバルと比較して日本全体ではクラウド化が進んでいません。実際にそうした感覚をお持ちの方も多いと思います。

一方で、日本企業の経営幹部の方々からは、「クラウドはぜひ進めたい。うちのＩＴ部門は何をやっているんだ」という声を聞きます。そこで、さらに詳しくＩＴ部門、ビジネス部門の方に話を聞いていくと、「うちはＩＴ部門がセキュリティを問題視しクラウド化をストップしている」という声や、「ビジネス部門がＳａａＳを使いたいというので、ＩＴ部門の管轄外でＳａａＳを使ってもらっている」等、クラウド化に対する進め方が、全社で統一されていないということがわかってきました。

## シャドーＩＴというセキュリティリスク

ＩＴ部門に相談しても埒があかないので、あえてＩＴ部門に知らせずに、ビジネス部門が独自にＳａａＳを導入するという事態も起こっています。ＩＴ部門の知らないところで、アプリやサービス、いわゆる「野良ＳａａＳ」が乱用されてしまう。こういった行為はシャドーＩＴと呼ばれています。

ＩＴ部門が管理しないということは、全社のセキュリティ・ガバナンスの範疇外になってしまうということです。データ保護の観点からは大きなセキュリティリスクをはらんでおり、非常に危険な状態であるといえます。なぜ、こんなことが起きてしまうのでしょうか。

さらに調べてみると、「データが漏洩したら誰が責任を取るのか」「そもそもセキュリティはIT部門の担当でビジネス部門の領域ではない」等、責任の所在が不明確であることが大きな課題であるとわかりました。こういった背景があり、案件の発生都度、IT部門とビジネス部門は長い議論を重ね、クラウド活用のセキュリティリスクを誰が取るかの討議を行った結果、「IT部門は基幹系システムとSaaSをつながないことを条件にビジネス部門の責任でSaaS導入を許可する」といった、苦肉の策がとられていたのです。

しかし、このやり方には、様々な問題があります。まずは、クラウド導入までのスピードが遅れること。次に、基幹系システムと連携できない場合、SaaS活用のメリットが大幅に減ってしまうこと（例えば、セールスフォースなどのアプリ上で、基幹系システムが管轄する在庫確認や商品の発注ができないなど）。最後に、ITが管轄していないSaaSシステムがセキュリティホールになってしまうことです。では、どうすれば、セキュリティを担保しながら、クラウド化を加速することができるのでしょうか。

## 性悪説に基づくゼロトラスト

解決策を考えるうえで、まず「ゼロトラスト」という考え方を紹介します。いままでは、セキュリティは、「境界防御」が主流でした。今後はこのゼロトラストという考え方が主流になります。

中世の城塞都市で例えるならば、いままでは、鉄壁の城壁を構え、城門に番兵を置き、城に入ってくる人を検査し、敵対勢力など怪しい者を排除していました。しかし、この守り方の場合、ひとたび城内に入られたら、敵を捕まえるのは困難です。また、城内にもともといる兵士や商人からの攻撃に対しては、非常に脆弱です。

最近はメール経由でのウイルス感染や、なりすまし、はたまた、社員や常駐ベンダーによるデータの漏洩などが大きな社会問題になっています。言い換えれば、城内にいる人も、もはや信用が置けないのです。

そこで出てきたのが、ゼロトラストという性悪説に基づく考え方です。これは「すべてのトラフィックを信頼しないことを前提として、検査、ログ取得を行い、怪しい動きを検出し、対策を打つ」という考え方です。

ここではゼロトラストの考え方に基づいた対策を紹介しますが、念頭に置いておくべき掟ともいうべき事項が2つあります。1点目は「セキュリティリスクはビジネス部門が主体となって考えるべき問題」ということ、2点目は「全てを防御できる完璧なセキュリティ対策技術はない」ということです。

### クラウド活用を拡大する3つのステップ

これらを念頭に置いて、ゼロトラストの考え方に則りクラウド活用を拡大する、3つのステップを紹介します（図表4－11）。

#### （1）情報資産の棚卸しを行い、ビジネス部門が主体となって重要度とリスクを設定する

企業には、顧客の情報、商品の情報、営業戦略、経理情報もしくは人事情報など、他社に漏れることで自社の競争優位性へ悪影響を及ぼす情報が山のようにあります。それぞれの情報は、情報システムで管理されていたり、紙に印刷されバインダーで管理されていたり、もしくはその両方で管理されていたりします。ビジネス部門は、これらの情報資産の重要度を設定しなければなりません。

社内の一部の人しか閲覧できない〝極秘〟情報なのか、社内の人間であれば自由に閲覧可能な〝社外秘〟情報なのか、一般に公開しても問題がない〝公開情報〟なのか

**図表 4-11　ゼロトラストに則った、セキュリティ担保による、クラウド化の加速**

| | 情報資産の棚卸し／重要度・リスク分類 | データの保護 | インシデントの検知／対応プロセスの整備 |
|---|---|---|---|
| 経営 | ■CISOが情報資産管理基準を策定 | ■CISOが対策を承認 | ■CISOがリードして、インシデント発生時の対応を経営幹部含めて決定 |
| ビジネス | ■各ビジネス部門に設置されたデータ責任者がリスク分類 | | ■インシデント対応プロセスを責任者・フローなど詳細定義し、事前演習 |
| IT | ■上記を支援 | ■ネットワークの保護、アクセスの制御、エンドポイントの制御、データ暗号化などの技術の適用と運用の整備 | ■対応プロセスを迅速に回すための技術の導入（例：ログのAI解析により、"なりすまし"や"悪意のある行動"を特定） |

出所：マッキンゼー

を定義します。その後、それぞれの情報の管理方法を、リスクとメリットを照らし合わせて決めていきます。例えば「極秘情報は、リモート環境からのアクセス不可、端末への保存も不可」「社外秘であれば、リモート環境からのアクセス化、端末への保存も可」といったように、情報の取り扱いレベルを設定していきます。こうやって一元的に〝情報資産管理台帳〟を作っていきます。

この情報資産管理台帳は、情報資産のビジネス上の価値を知るビジネス部門が主体にならなければ、作成できません。そして、これらの情報資産管理の基準は、セキュリティのトップであるＣＩＳＯ（Chief Information Security Officer：最高情報セキュリティ責任者）によって規定されます。

ＣＩＳＯが規定するセキュリティ基準に則って、各ビジネス部門に設置されたデータ責任者が、自身の責任でビジネス部門の情報資産を1つずつ分類していきます。

## （2）アクセスの制御、エンドポイントの制御、データ暗号化の観点からデータの保護を実施する

最初のステップで定義した情報の重要度・リスク設定に基づき、〝データの保護〟を実施します。データ保護を行うための主要な要素として、ネットワークの保護、アクセスの制御、エンドポイントの制御、データ暗号化があります。

ネットワークの保護は〝境界防御〟とも呼ばれ、ファイアウォールを用いて実施されてきた旧来のサイバーセキュリティの手法です。ただ、クラウドの活用が広がり、さらにリモートワークも広がりを見せている昨今、ネットワークの保護だけで情報資産を守り切ることはできません。

従業員のＩＤとパスワードが漏れた場合には〝なりすまし〟によって情報資産が漏洩するリスクに晒されますし、悪意のある従業員による情報資産漏洩のリスクにも対

処できていません。そこで、「どのＩＤを持つ従業員がどの情報資産にアクセスしてもよいか」を制御するアクセス制御が重要になってきます。

クラウドアプリケーションを活用している場合は、シングルサインオン技術を活用して、従業員が自宅の個人所有ＰＣから勝手にクラウドアプリへアクセスできないように制御をかける必要があります。

また、スマートデバイスを活用して社内システムやクラウドアプリにアクセスする場合は、エンドポイント制御も必須です。各デバイスに搭載するアプリを遠隔から監視・制御し、万が一の時にはリモートからデバイスの全データを消去できる状態にしておく必要があります。そして、特に重要なデータは暗号化を実施しておかなければなりません。全ての情報を暗号化することは、費用面でもシステムパフォーマンスの面でも非現実的であるため、特に重要な情報資産に対して暗号化を行っておく必要があります。

### （３）セキュリティインシデントに可能な限り迅速に対応できる体制を築く

このようにして、データの保護が完了したら、最後に〝インシデントの検知と対応プロセスの整備〟を行います。

先にも述べましたが、残念ながら全てのセキュリティインシデントを完璧に防御することは不可能です。そのため、〝セキュリティインシデントが発生した際に、影響が小さいうちに迅速に対処できる体制を築く〟ということが重要になってきます。このために、セキュリティチームおよび関連するビジネス部門のインシデント対応プロセスを事前に整備しておきます。

なお、この対応プロセスも、情報資産の重要度に応じて濃淡をつけた対応にしておかねばなりません。全てのセキュリティインシデントに対して、最上級の手厚い対応を行っていると、クラウドおよびリモートワークの環境化では、セキュリティチームの工数がすぐにパンクしてしまいます。そして、本当に重要なセキュリティインシデントに対応できず、サイバー攻撃による被害が広がり続けてしまうでしょう。

また、この対応プロセスを迅速に回すための技術の導入も欠かせません。ログを用いたユーザー(従業員)の行動分析がその一例です。この技術を用いると、従業員がどのような情報資産にアクセスしているかのログを機械学習で分析することにより、〝なりすまし〟や〝悪意のある行動〟を取っていないかどうかを検知することが可能です。

例えば、営業部のA部長は普段、人事情報にアクセスしていないのにもかかわらず、急に人事情報へのアクセス数が増えていると検知しました。これは、〝なりすまし〟もしくは、〝悪意のある情報アクセス〟が発生している可能性があります。

このようなリスク要素が発生した場合、セキュリティチームに自動でアラートが上がり、対応プロセスを迅速に開始することでセキュリティインシデントによる被害を最小限に抑えることが可能です。

ここまでの話を振り返ります。セキュリティ対策はゼロトラストの考え方に則って行います。クラウド活用を拡大するうえで欠かせないセキュリティ対策は（1）情報資産の棚卸しを行い、ビジネス部門が主体となって重要度とリスクを設定する（2）アクセスの制御、エンドポイントの制御、データ暗号化の観点からデータの保護を実施する（3）セキュリティインシデントに可能な限り迅速に対応できる体制を築くという3つの順です。

そして、これらの要素は、CISOの指揮のもと、ビジネス部門、IT部門の混成のセキュリティチームが主導して実施します。これにより、全社的に本格的なクラウドの徹底活用に、自信をもって舵を切ることができるのです。

## 課題③モダナイゼーションによるDXの加速化

### ウォーターフォール型開発の弊害

クラウド化が進められるようになり、自社が利用しているデータセンターのサーバをAWSやAzureなどのクラウドに移管したという話をよく聞くようになりました。最近は、銀行の基幹系システムでさえもパブリッククラウドに移管できたというニュースを聞きます。しかし、これはあくまでも新しい世界に一歩踏み出したに過ぎません。次に立ちはだかる大きな壁は、開発スピード、キャパシティ、アーキテクチャなどITの本質に関わる問題です。

経営幹部、ビジネス部門からよく寄せられるコメントとして「IT部門は、仕事が遅い割に、費用がかさみ、事業への貢献が見えない」、あるいは「IT部門は、ITベンダーの提案を伝書鳩のように持ってくる。技術の目利きができていないのではないか?」というものがあります。

このような見解の背景には、過去20~30年続いてきた、ビジネス部門が決めた要件を、IT部門がとりまとめ、ITベンダーに委託して開発する、いわゆる「ウォーターフォール型開発」という慣習があります。

ウォーターフォール型開発が長年続いたことで、ＩＴ部門の必須能力の主体は、プロジェクト管理とベンダーマネジメントとなりました。つまり、ＩＴ部門は、ビジネス部門が望む要件をヒアリングして、ＩＴベンダーに伝え、ソリューション提案を受けつけるコンペを行い、ＩＴベンダーに設計から納品までを委託し、その進捗・品質を管理し、期日までに完成させることが、主たる仕事になっていったのです。

故に、高い技術力を持つエンジニアの育成が社内でなされなかったため、技術に対する目利きと自社への適合性や将来性などを加味してビジネス部門に提案・折衝ができる「アーキテクト」が不在となってしまいました。

ＩＴ部門は、対応するビジネス部門ごとに担当者が異なることが多く、システムごとに別々のベンダーに発注することも増え、システムの設計が部門や機能ごとにバラバラになってしまいました。さらに、後から追加されたシステムを、古いシステムに密結合で接続していった結果、「スパゲティーシステム」と呼ばれる、複雑怪奇なパッチワークシステムができあがってしまったのです。

## レガシーシステムは巨大な積み木

前述しましたが、このようなシステムは〝レガシーシステム〟と形容されます。最近では、レガシーシステムは、技術的負債（Tech Debt）とも呼ばれ、これがＤＸの要求するスピードを阻む、大きな壁になっています。

レガシーシステムを抱える企業において、ビジネス部門は「なぜ、うちのＩＴ部門は、ちょっとした要件追加に1年も2年もかかるんだ。どうしてこんなに開発スピードが遅いんだ」と不満を持つことになります。

20～30年かけて築き上げてきた、巨大で繊細な積み木をイメージしてみてください。1つのピースを少しでもずらせば、容易に崩れて元に戻せなくなるのは、想像に難くないと思います。

それゆえ、経産省は「２０２５年の崖レポート」で、日本はＤＸに乗り遅れ、２０２５年から年間12兆円の経済損失が生じる可能性があるという警鐘を鳴らしたのです。

では、この大きな崖から落ちないために、ＩＴ部門はどうやって会社を救えばよいのでしょうか。ＩＴ部門が、ビジネス部門に対して、そしてその先の顧客・消費者に対して、より大きな貢献をするためには、何をしたらよいのでしょうか。

## リビルド、リフォーム、リノベーション

「レガシーシステムから脱却しましょう」というのが解になりますが、物事はそうシンプルではありません。レガシー脱却には、大きく3種類のやり方があります。さて、築50年の戸建ての家に住んでいると想像してください。雨漏りもしてきたし壁も剥がれてきた。さあ、どうしますか。

1つ目の方法は、リビルドです。新しい家を建て、引っ越しをします。しかし、大企業のＩＴシステムの場合、数十億～数百億円、3～5年というような大きな投資と長い期間が必要になります。

2つ目の方法は、リフォームです。雨漏りを直したり、壁を塗り直したり、老朽化した戸建てをリフォームして、少しでも延命させます。しかし、この方法では、いつまでたっても、スパゲティーシステムからは抜け出せず、開発スピードはいっこうに上がりません。

3つ目の方法は、リノベーションです。50年物の家を、骨組みだけ残して解体して、新しい間取り、新しい設備に入れ替えることで、用途や機能を変更して性能を向上させたり、付加価値を向上させる方法です。これをＩＴの用語では「モダナイゼーション」と呼びます。

モダナイゼーションにより、開発の方法をウォーターフォール型からモダンアプリケーション開発型に転換することで、市場投入までのスピードを劇的に速め、市場からのフィードバックループを高速化し、運用負荷を大幅に軽減します。その結果、消費者・顧客のニーズの変化に追いつき、競合より早く新たな価値提供が可能になります。

これを実現するために、IT部門はアーキテクト人材を養成し、モダン開発を支える仕組み（アーキテクチャ）を変革しなければなりません。

## 価値を生み出すアプリケーションを特定せよ

まず取り掛かるべきなのは、どこから手を付けるかの判断です。どのシステムをモダナイズすれば、DXで大きな価値を生み出せるか、ということを、ビジネス部門と徹底的に議論し、優先順位を決定します。例えば、B2B事業では、営業担当者が使う営業支援システムから基幹系システムへのアクセスができ、在庫確認や発注ができることかもしれません。B2C事業であれば、オムニチャネルで一貫した顧客対応ができることかもしれません。

価値を生み出す源泉となるアプリケーションが特定されたら、それぞれのアプリケーションをつなぐためのAPIゲートウェイを構築します。APIゲートウェイは、大きく鈍重な基幹系システムと素早い変更が求められるフロントエンドアプリケーションをつなぐ橋渡しとなるミドルウェアです。言い換えると、データの形式の変換や通信方式の変換を行うことで、別々のシステム同士が簡単に会話をして、データを連携させる仕組みです。

ここで大切なのは、フロントと基幹系システムを1対1で密結合につなぐのではなく、APIゲートウェイを間に入れて、疎結合にしていくことです。こうすることで、フロントの機能追加などをした際に、基幹系まで含めた影響分析や再テストが不要になり、飛躍的に開発スピードを向上させることが可能です（図表4－12）。

さらに、開発スピードを向上させるためには、マイクロサービスというアプリケーションの集合体を作ります。例えば、基幹系システムに対する在庫参照という機能は、モバイルアプリからも、ECからも、店舗からも、営業担当者が使うシステムからも使う、共通の部品になります。そのような共通の部品をマイクロサービスとしてくくりだすことで、再利用が可能になり、新しい機能の追加が飛躍的に早くできます。

その結果、新しい機能・サービスのリリース頻度を上げられるようになり、より多くのフィードバックを顧客・消費者から得ることができ、アプリケーションの価値を

図表 4-12　基幹系システムのモダナイゼーションによるDXの加速化

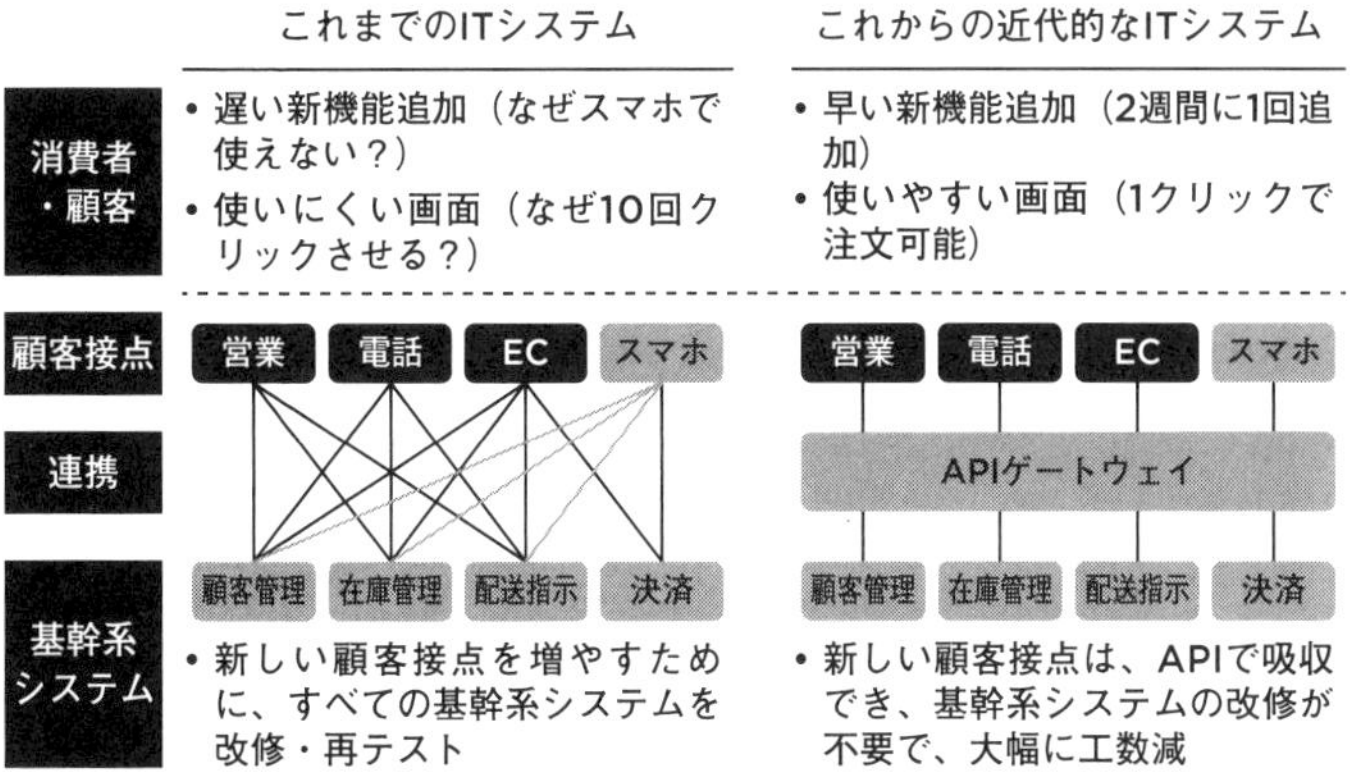
これまでのITシステム
これからの近代的なITシステム
消費者・顧客
• 遅い新機能追加（なぜスマホで使えない？）
• 使いにくい画面（なぜ10回クリックさせる？）
• 早い新機能追加（2週間に1回追加）
• 使いやすい画面（1クリックで注文可能）
顧客接点
営業
電話
EC
スマホ
連携
APIゲートウェイ
基幹系システム
顧客管理
在庫管理
配送指示
決済
• 新しい顧客接点を増やすために、すべての基幹系システムを改修・再テスト
• 新しい顧客接点は、APIで吸収でき、基幹系システムの改修が不要で、大幅に工数減

出所: マッキンゼー

さらに高めることが可能になります。特に開発スピードの向上に欠かせないのが、インフラ構築の自動化（Infrastructure as Code）、テストの自動化、運用の自動化などの省力化です。

このように、旧来のレガシーシステムに対して、APIゲートウェイを経由させて接続性を高めたり、マイクロサービスで再利用性を高めたり、開発・運用作業の徹底的な自動化を進めることを総称して、モダンアプリケーション開発と呼びます。

クラウド・ネイティブな新興企業では、AWS、GCP、Azureなどのクラウドや、オープンソースソフトをフル活用し、最初からこのような

アーキテクチャでシステムを構築します。そのため、圧倒的な早さをもってユーザニーズを満たすことで、素早くかつ大規模に顧客の囲い込みができるのです。一方で、大企業はレガシーシステムという技術的負債（Tech Debt）を抱え、さらに、社内にモダンテクノロジーの本質を理解したアーキテクトやエンジニアがいないという二重のハンディキャップを抱えている分、歩みは遅くなります。しかし、正しくモダナイズを行うノウハウを学べば、新興企業のようなアプローチをとることは決して不可能なことではないのです。

## テクノロジーを他人まかせにした時点で試合終了

ちょっと待ってください。テクノロジーについて述べた本節を読み飛ばそうとしていませんか？　自分は読んでも理解できないとか、テクノロジーは苦手だからと、他人任せにしていませんか？　もしくは、その単語は聞いたことがあると、本質を理解せずに知ったかぶりしていませんか？

本節で伝えたかった本質的な課題はここにあります。

テックネイティブな会社の経営者は当たり前として、欧米の伝統的企業の経営者は、経営に正しく使えば効果がでるとわかった瞬間に、我先にとテクノロジーに飛びつきました。そして、ものすごい速さで勉強しました。クラウド、AI、ブロックチェーン、API……バズワードを必死に勉強し、マイクロソフトやGoogleのカンファレンスに出席し、成功した企業の講演会にも必ず顔を出しました。シリコンバレー、イスラエル、深圳《しんせん》のテックベンチャーにも会いに行って話を聞きました。とにかく、最初に最新テクノロジーを自社に適用できたものが、より多くの顧客をつかめると確信していたからです。

例えば、シンガポールの金融機関、DBSは10年前までITの9割をITベンダーに外注していましたが、現在は9割が内製です。メインフレームや物理サーバを使っていた基幹系システムは、いまはクラウド上にあります。そしてAPIを構築し、外部のフィンテックアプリに対して銀行機能をBaaSとして利用させて、エコシステム経営を加速させています。米ウォルマートは、数百億円規模の買収を複数実施し、AIやデジタルの能力と時間を買いアマゾンに対抗しました。日本でも、ニトリがブロックチェーンをいち早く取り入れ物流の効率化に生かしていますし、ダイソーは優秀なデータサイエンティストを社内で養成し、精度の高い売上予測を行うことで利益率をキープしています。DCMカーマは、APIゲートウェイを導入しオムニチャネル化を数か月の速さで実現させました。

このように、経営者、経営幹部自らがテクノロジーを学び、自社メンバーを育成し、内製化することで、早く、柔軟に他社との差別化を実現しているのです。

つまり、テクノロジーの活用は、経営レベルの意思決定なのです。そして、社長や経営幹部が自分事として、ビジネスとITの連携を果たせなければ、日本でDXは成功できません。「AIでなんかできないの?」「ITベンダーに任せておけばいい」「誰かに勉強させてきて」などという言葉を経営幹部が発していては、その会社でDXが成功することはまずありません。

では、日本にはびこってしまった、社長や経営幹部の意思決定を経ない、あるいは自分事としない、名ばかりのDXプロジェクト、いわば「偽物のDX」は、一体どうしたらなくすことができるのでしょうか。

## のび太くんになる勇気を持とう

偽物のDXを止めるには、誰かが勇気を出して声を上げなくてはなりません。まず、この本を読んでいただいた、皆さんから始めてください。

テクノロジーについても、DXについても、いろいろなバズワードが、これまでも、そしてこれからも飛び交うでしょう。そのときに、わからないものには「わからない」、助けてほしいときは「助けてほしい」と大きな声を上げてください。

テクノロジーというものはマンガ『ドラえもん』の未来の道具のように、時に万能で、時に役立たずです。ドラえもんは、のび太くんから助けを求められなければ、決して道具を出してくれません。助けを求められ、道具を出してみて、あーでもない、こーでもないと、のび太くんと一緒に試行錯誤しているうちに、ようやく、本当の問題を解けるようになるのです。

道具が問題を解決するのではなく、のび太くんの考え方が変わることで問題が解決することもあります。未来の道具は、あくまでも行動を起こすための、きっかけに過ぎないのです。

DXも同じです。テクノロジーを使って、行動を起こし、衝突を起こしながら、本当に会社が向かう方向はどちらなのかを探っていく旅なのです。

これからの時代、消費者のニーズはより細分化し、いまよりも、もっと早く移り変わるでしょう。企業間でのコラボレーションもより加速し、同じ速さで自身をアップデートできない会社は、コミュニティーから、はじき出されてしまうでしょう。故に、グローバルにアンテナを張り、新しいテクノロジーの本質をキャッチし、最適な技術を使いこなし、誰よりも早く、自社の提供価値を、柔軟に変化させられる者だけが、生き残れる時代になります。

そのためにも、次世代リーダーの皆様には、いまこそ、テクノロジーを人任せにせず、勉強し、真剣に向き合い、本質を理解し、自身が経営幹部としてテクノロジーを使い倒すことで、会社を成長させていってほしいのです。

その前に、まずは、勇気をもって、のび太くんになってみてください。わからないことを認めて、声に出して助けを求めてください。そこから、すべてが始まるのです。

## 要素⑤データ

データの課題は、日本企業にとって死活問題です。DXのための顧客理解や戦略立案に使うべきデータが、そもそも存在しないか、非常に取り出しにくい構造になっているからです。これは要素④テクノロジーで述べたレガシーシステムや、ITベンダー丸投げのシステム構築に起因するものです。これを解決するためには、まず、アナリティクス関連のデータ基盤は、これまでのITとは全くの別物であることを理解しなければいけません。できあがったものを納入するのではなく、常にビジネス側と一体となりながら、新たなデジタルソリューションを迅速に開発して改善していくことが必要だからです。このデータ基盤が整っていなければ、デジタルのインパクトをスケールすることはできません。

しかしながら多くの日本企業では、冗長化されたDWH（データウェアハウス）とステージング・エリアおよび複製データを備えた「スパゲティー」アーキテクチャが一般的となっています。これをAIソリューションのライフサイクルに対応した、高度にスケーラブルなコンピューティングとデータストレージのプラットフォームへと刷新していくことが求められるでしょう。

また、データ基盤の構築に当たっては、どこを内製化し、どこをSaaSやPaaSなどの外部のサービスを活用するかの見極めも重要になってきます。その際、自社の競争優位性の根幹となり得る領域については、内製化していくことが大切です。

あわせて、データ戦略も今後ますます重要性を増していきます。GDPR（欧州一般データ保護規則）では、最新のデータ技術を最大限利活用しつつ、どう個人情報を保護するのかという観点から規制を強化しています。

大きな方向性としては、個人情報はデータ主体（個人本人）に所属し、そのデータ主体が便益に合意した際に、その用途にデータ活用ができるといった方向に、世界の規制が進んでいるように見受けられます。

アメリカでのFacebookの個人情報漏洩問題を受けて、CCPA（California Consumer Privacy Act：カリフォルニア州消費者個人情報保護法）が成立しました。今後、クッキーに代表されるサードパーティー・データは、データ連携をする際に同意を得る必要が生じ、取り扱いがより厳しくなります。その意味でも、ファーストパーティー・データ（自社で取得するデータ）を持つことの重要性はますます高まっていくことでしょう。

企業には、インパクトを踏まえたデータ戦略に基づいて必要なデータを明確にしたうえで、データを取得していくことが求められます。価値の源泉は何か、ドメインは何か、そのデータドメイン・データソースは何か、そのうえでデータを取得するのです。データ取得においては、どのような種類のデータであるかに加えて、インパクトを出すうえでは、どのような粒度でどの程度の頻度で収集するべきかなどについても明確にしていくことが大事になってきます。

## 要素⑥チェンジマネジメント

チェンジマネジメントを実践するためには、まずはトップマネジメントに対する危機感の醸成が欠かせません。変わらなければ死を待つのみ、という脅威をいかに経営層に持たせられるか、持つことができるかが肝となるのです。

例えばあのウォルマートも、アマゾンの脅威があったからこそ大きな変化を遂げることができました。また、中国の小売業界は、エコシステムプレイヤーの脅威から変わらなければ自分たちは生き残れないとよく理解しています。このように、今起きていることが産業革命クラスの大きな変化であり、変わらないままでは生き残れないという意識をいかに持てるかに成否がかかっているのです。

## DX成功のカギは企業文化変革

DX（デジタル・トランスフォーメーション）、あるいはデジタル変革を成功させるためのカギは、企業文化の変革を「同時に」行うことです。マッキンゼーの一般的なアプローチとしては、企業文化を変革するために、まず自分たちの組織の企業文化、〝組織健康度〟が他社と比較してどのような状態にあるのか、全社員調査を行います。組織健康度を調査した後、DXに伴う企業文化変革を進めるうえで重要なのは、次の3つの力です（図表4－13）。

1点目は戦略整合力です。パーパス、ビジョン、ミッション、戦略、行動規範から日々のオペレーションへの一連の流れが整合し、組織の隅々まで繰り返しコミュニケーションされているかという観点で測ります。

図表 4-13　組織健康度には9つの指標が存在し、「戦略整合力」「実行徹底力」「進化適応力」の3つのグループに分類される

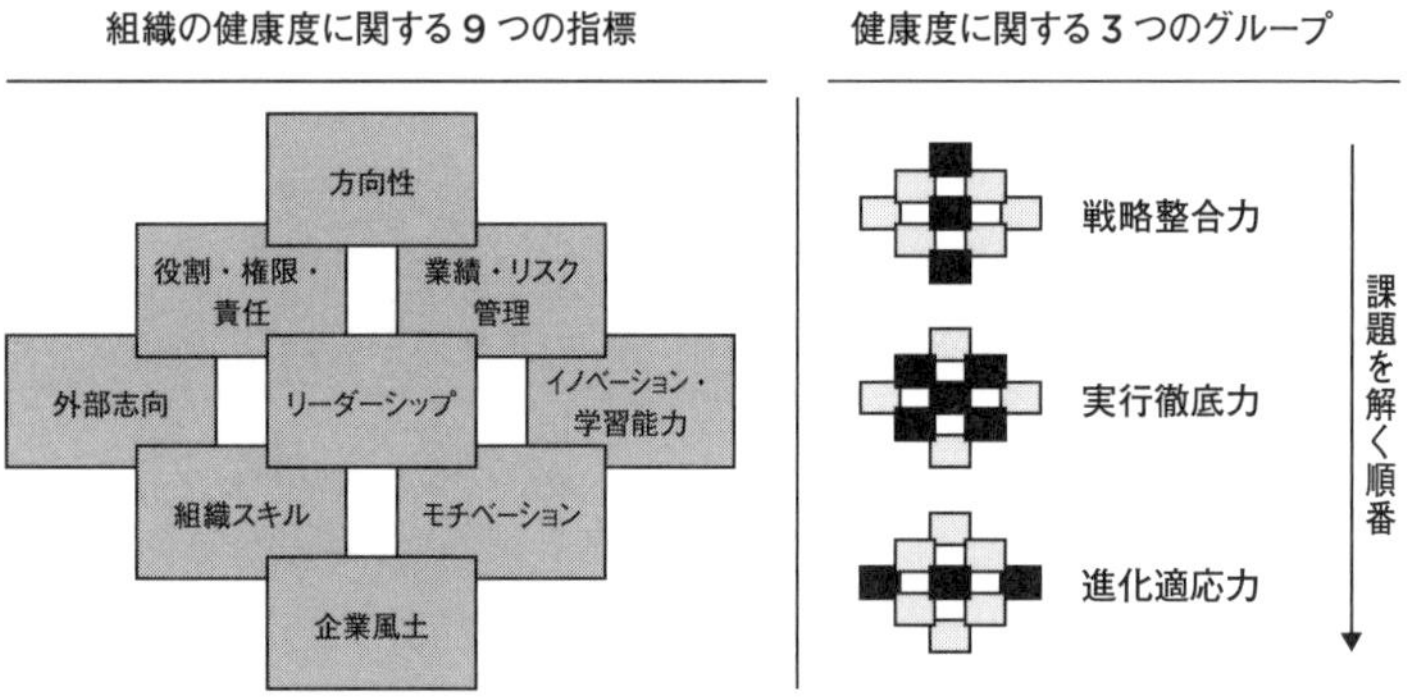


出所：マッキンゼー

2点目は実行徹底力です。PDCA、特に素早い実行と効果検証をふまえたフィードバックループに代表される、「やり切る」という企業文化の有無を問います。もう少し具体的に言うと、権限と責任が明確か、業績評価が透明か、戦略をもとにした実行が人事評価と関連付けられ、徹底されているかということです。

3点目は進化適応力です。これは、進化し続けられる企業文化になっているか、顧客、競合、技術動向などの外部情報をオープンに取り入れ、属人的ではない組織知として積み重ねていくことができているかというものです。

DXを進める際に、これらのステッ

プを踏まずに、表層的なツールの導入を行うケースや、CEOが自らリーダーシップを発揮せずに他社から連れてきた人材をCDOとして十分にサポートしないケース、あるいはIT本部長のタイトルをCDOに変えただけで、やるべきことを丸投げしてしまうといったケースが数多く見られます。もちろん本質的な変革にならず、あるいは失敗に終わります。

## マインドセット、スキル、プロセス

日本の企業、とりわけ伝統的な大企業において、組織文化の変革を行う際に大事なこととして、マインドセットを変える、スキルを変える、プロセスを変えるという3点があります（図表4－14）。

これらはいずれも地味な取り組みに見えるかもしれませんが、建物の土台ともいえる非常に大事なものであり、それぞれを着実に進めていくことが成果につながっていくのです。

### 変革宣言〝チェンジストーリー〟

まず、リーダーが率先垂範することによって、メンバーを腹落ちさせ、マインド

図表 4-14

企業文化変革 ＝ マインドセット × スキル × プロセス

出所：マッキンゼー

セットを変えることは、企業文化変革では非常に重要なステップです。個々人の腹落ちの醸成、すなわち、なぜ変わらなければならないのか、会社をどう変えたいのか、そのために、自分がどう変わるのか、という個々人の変革宣言〝チェンジストーリー〟を作ることが、アクションとして求められます。

　変革のストーリーは、次のようなステップで考えます。

①顧客、業界、社会、競合など外部環境の変化の中、
②自社をどう変えたいか、そのために
③自分をどう変えるべきか

　例えば、あるメーカーの商品開発部長という視点で変革のストーリーを練ってみましょう。

①顧客価値の源泉がデジタルにシフトしていく中で、これまでの倍、3倍、バリューチェーン間のコミュニケーションの質と、企画から効果検証までの仕事のスピードを上げなければ生き残っていけない、という認識のもと、

②自社は、縦割り組織から横に連携することが求められる。また、顧客価値とは何かを読み取るためにインプットを集め、消化し、オペレーションに反映する。これら一連の流れを現状よりもスピードアップ、バージョンアップしなければならない、と志向し、

③そのために、自分は、これまでの自部署中心、自部署の予算を達成すればそれでよい、各部署がそれぞれの役割を果たせばよい、という考え方を改める。他部署とどう連携できるか、できたかを測る指標を置き、それを成功の基準とする。また、これまで積極的にヒアリングしてこなかった他国の顧客の声を聴くために、各地域の顧客の声を毎四半期ごとに聴く機会を設ける……

といったものです。

こうして現在の状況を理解し、変革の必要性を実感したうえで、具体的な行動について、会社と自分自身それぞれの視点で宣言してもらう（図表4－15）――各人がストーリーとして描くことが〝チェンジストーリー〟の構築です。こうすることで、自社や社員それぞれのデジタルに対する姿勢を整理できます。

また、〝チェンジストーリー〟について、同僚、上司の前で広く発表の場を設けること、トップマネジメントがそれに対して自分の言葉でフィードバックを行うこと

**図表4-15**　企業文化を進化させる「約束と信念の宣言」変革宣言

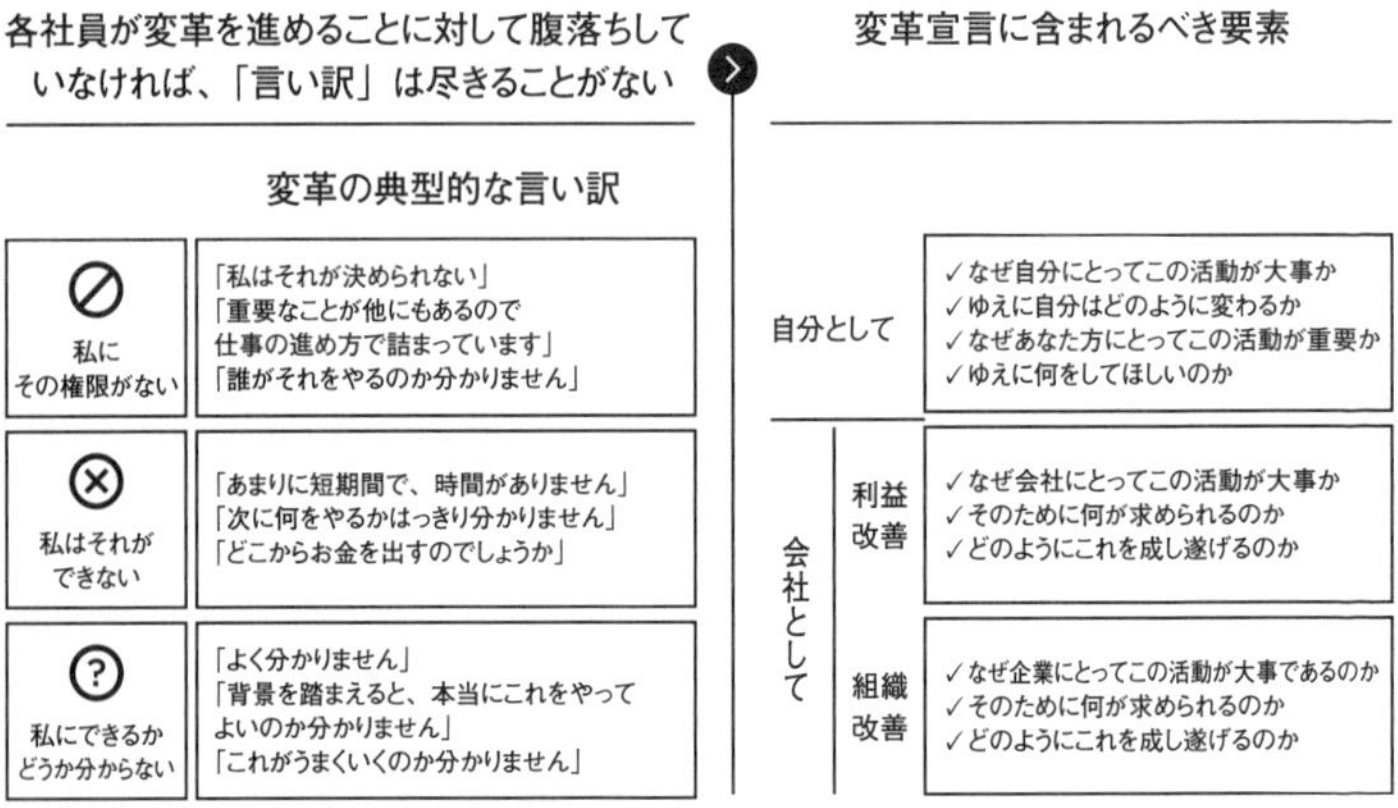

変革宣言に含まれるべき要素

変革の典型的な言い訳

| | | |
|---|---|---|
| ⊘ 私にその権限がない | 「私はそれが決められない」「重要なことが他にもあるので仕事の進め方が詰まっています」「誰がそれをやるのか分かりません」 | |
| ⊗ 私はそれができない | 「あまりに短期間で、時間がありません」「次に何をやるかはっきり分かりません」「どこからお金を出すのでしょうか」 | |
| ? 私にできるかどうか分からない | 「よく分かりません」「背景を踏まえると、本当にこれをやってよいのか分かりません」「これがうまくいくのか分かりません」 | |

| | | |
|---|---|---|
| 自分として | | ✓なぜ自分にとってこの活動が大事か ✓ゆえに自分はどのように変わるか ✓なぜあなた方にとってこの活動が重要か ✓ゆえに何をしてほしいのか |
| 会社として | 利益改善 | ✓なぜ会社にとってこの活動が大事か ✓そのために何が求められるのか ✓どのようにこれを成し遂げるのか |
| | 組織改善 | ✓なぜ企業にとってこの活動が大事であるのか ✓そのために何が求められるのか ✓どのようにこれを成し遂げるのか |

出所：マッキンゼー

は、マインドセットの変化を養い、定着させるために驚くほど効果があります。

## デジタルスキル以前のスキル不足

DXのような変革を進めるうえで、様々なスキルが必要になってきます。ほとんどの企業では、スキルというとプログラミングスキルなどの知識、デジタルスキルと結びつけがちです。しかしながら、そうしたデジタルスキルを自社の社員に身につけさせることの前段階のスキル不足が目立ちます。

例えば、問題解決のスキル、数字で物事を考えるスキル、新しいことを学ぶ際のスキルが習得されていない、あるいは習得されているとしても、属人的であったり、無手勝流であったり、汎用性に欠けるものが多い、というケースが多く見受けられます。

また、社内でDXを提唱してもなかなか進まないケースが多い原因の1つとして、縦割りの組織の中で思考や価値観が凝り固まってしまっていて、顧客や会社全体にどのように価値を提供するのかという視点ではなく、自分の所属している部署などの比較的狭い常識の範囲で行動していることが挙げられます。

これでは、組織横断的な水平展開が必要なDXを進めようにも、何が正しいのか、どう動けばいいのかが理解できなくなってしまいます。

## 共通言語を創り、埋め込む

より早く、より大きくインパクトを出しながら、リスクを下げていく。そうしたDXのアプローチを日本企業で取り入れるには、部署間やバリューチェーン間に共通の認識（＝共通言語）とルールを導入することが必要です。

例えば、〝転ばぬ先の杖〟（英語ではPremortem：死亡前検死）という言葉を共通言語化することがあります。これは、起こりえる最悪の事態をブレインストーミング形式で議論し、また、そのような事態に対処するための会議を建設的に、明るく行うことを事業プロセスに組み込むという手法です。

これにより〝そんなことを話題にするなんて縁起でもない〟とされてなかなか言い出せなかったリスクを洗い出しつつ、優先順位をつけて、正面から取り組むことが可能になります。過去の企業不祥事などを振り返っても、この〝転ばぬ先の杖〟が議論できていれば、結果は異なっていたのではないか、と思うことがあります。

社内に、このような共通言語とルールを根付かせて土台を整えることで、デジタル変革を進めるうえでのスキル面の底上げが可能となっていくのです。

## 組織の脈拍数を上げる

多くの企業では、3年や1年といった決まったサイクルで中期経営計画やそれに基づく予算が決まり、それらが企業活動のベースとなっています。

このような固定的なサイクルに、そのままDXプロジェクトを組み込むことには様々な困難が伴います。例えば、次の中期経営計画にDXプロジェクトを織り込み、そのための予算を計上しただけでは、本質的な変革に結びつかないことがあり得ます。

1年や3年といったサイクルで企業活動が進んでいく現状のプロセスの〝リズム〟に、デジタル変革に求められる考え方をいかに取り込み、リズムをどう変えていくべきでしょうか。

デジタル変革を推進するには、トライアル＆エラーのアジャイルアプローチと、ＲＯＩベースでの評価と資源投入が非常に重要です。例えば、ゼロベースバジェッティングというアプローチで、ゼロベースで予算を毎年見直す考え方や、ＲＯＩ＝リターンが有るのか否かで判断していく手法を導入します。

日本のあるヘルスケア企業では、十数個の組織横断的なテーマに基づき、トップも参加する「問題解決・意思決定会議」を毎週30分、2年間やり続けました。これによって、組織の脈拍数は劇的に上がりました。

この「問題解決・意思決定会議」は、時間が限られていることもあり、必要なメンバーで議論できるように、極限まで効率化が図られるのが特徴です。例えば会議の資料は事前配布で読んでおく前提だったり、会議のアジェンダ（目的、参加者の役割、30分の時間の細かい時間割）も事前に提案され、合意されています。会議時間は決して遅延・延長することなく、時間通りに始まり、時間通りに終わります。会議の最後3分間で、決定したことと、誰が・何を・いつまでに、を明記したネクストステップを決定し、議事録は作成しない（あるいは自動作成したものを参考配布する）といった工夫が盛り込まれています。

そのうえで、これまで1年や3年だったサイクルを、毎月さらには毎週など、現状の感覚では〝異様なまでに〟加速させていくのです。こうして企業の〝リズム〟を上げていきながら、アジャイル型へとプロセスを変えていきます。

## 魔法の杖はない。新たなツール、外部の人材だけでは解決しない

### インフルエンスモデルで働きかける

これまで説明したように、「マインドセットを変える」「スキルを変える」「プロセスを変える」という3つの変化は、企業文化変革に必須です。

組織とそれを構成する人を変革するときは、「インフルエンスモデル」(図表4－16)を用いて、マインドセット(①率先垂範と②腹落ち)、スキル(③能力開発)、プロセス(④インセンティブとプロセス)すべてに同時に働きかけることが肝要です。

一般的に〝うちの会社の(うちの部署の)組織はなかなか変わらない〟〝人がなぜか変わらない〟という場合、この3つの変化のうち、1つか、多くても2つにしか働きかけていない場合が往々にしてあります。3つすべてに、同時に、徹底的に働きかけることで、はじめて組織や人のマインド、という重い歯車が音を立てて動きだします。

インフルエンスモデルの要素を使わない場合に比べて、すべて使った場合、変革が

**図表 4-16** 「インフルエンスモデル」を用いて、マインドセット、スキル、プロセスすべてに同時に働きかけることが肝要

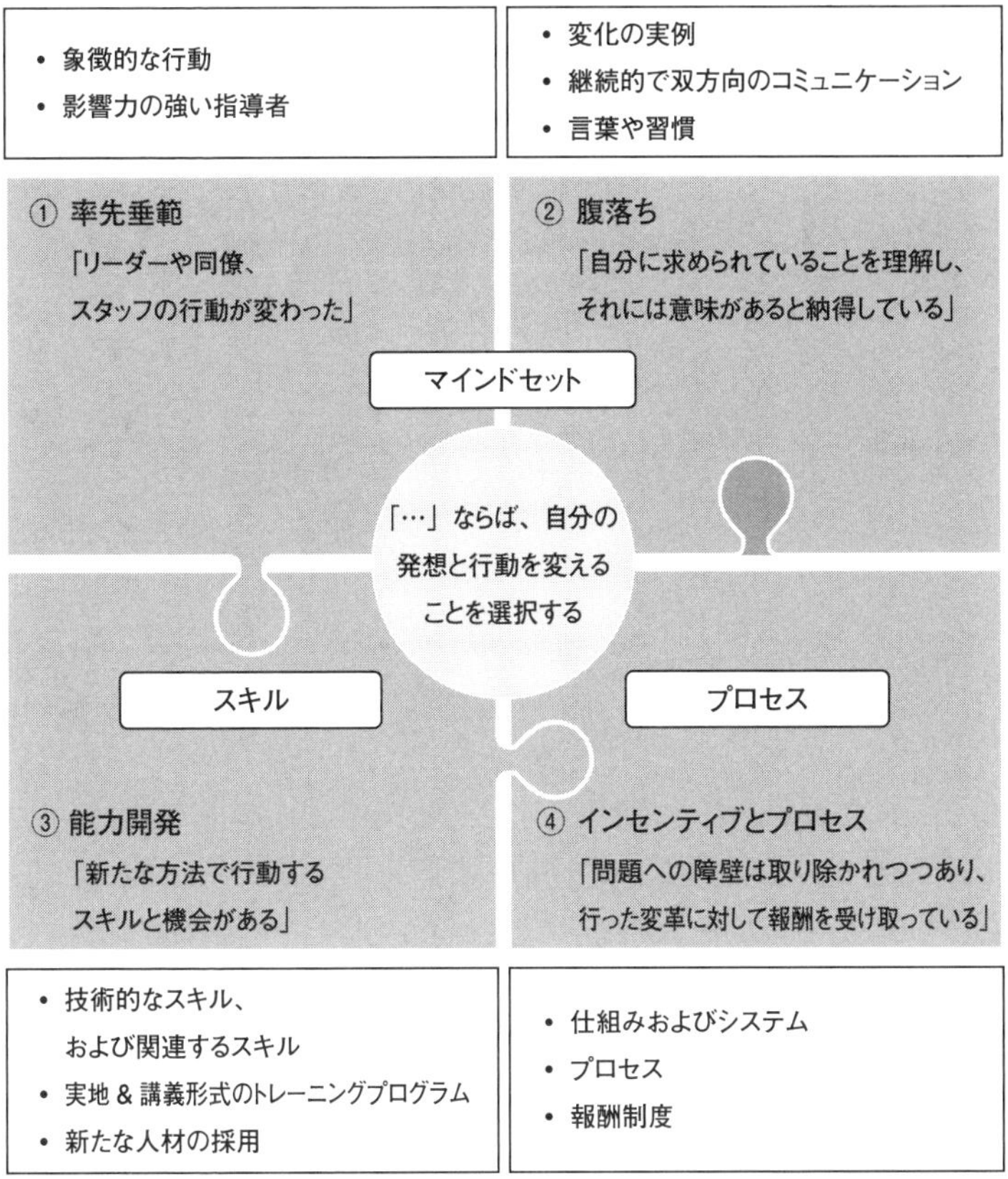
• 象徴的な行動
• 影響力の強い指導者
• 変化の実例
• 継続的で双方向のコミュニケーション
• 言葉や習慣
① 率先垂範
「リーダーや同僚、スタッフの行動が変わった」
② 腹落ち
「自分に求められていることを理解し、それには意味があると納得している」
マインドセット
「…」ならば、自分の発想と行動を変えることを選択する
スキル
プロセス
③ 能力開発
「新たな方法で行動するスキルと機会がある」
④ インセンティブとプロセス
「問題への障壁は取り除かれつつあり、行った変革に対して報酬を受け取っている」
• 技術的なスキル、および関連するスキル
• 実地 & 講義形式のトレーニングプログラム
• 新たな人材の採用
• 仕組みおよびシステム
• プロセス
• 報酬制度

出所：マッキンゼー

**図表 4-17**　インフルエンスモデルの要素を多く使うほど、変革が成功する可能性が高くなる

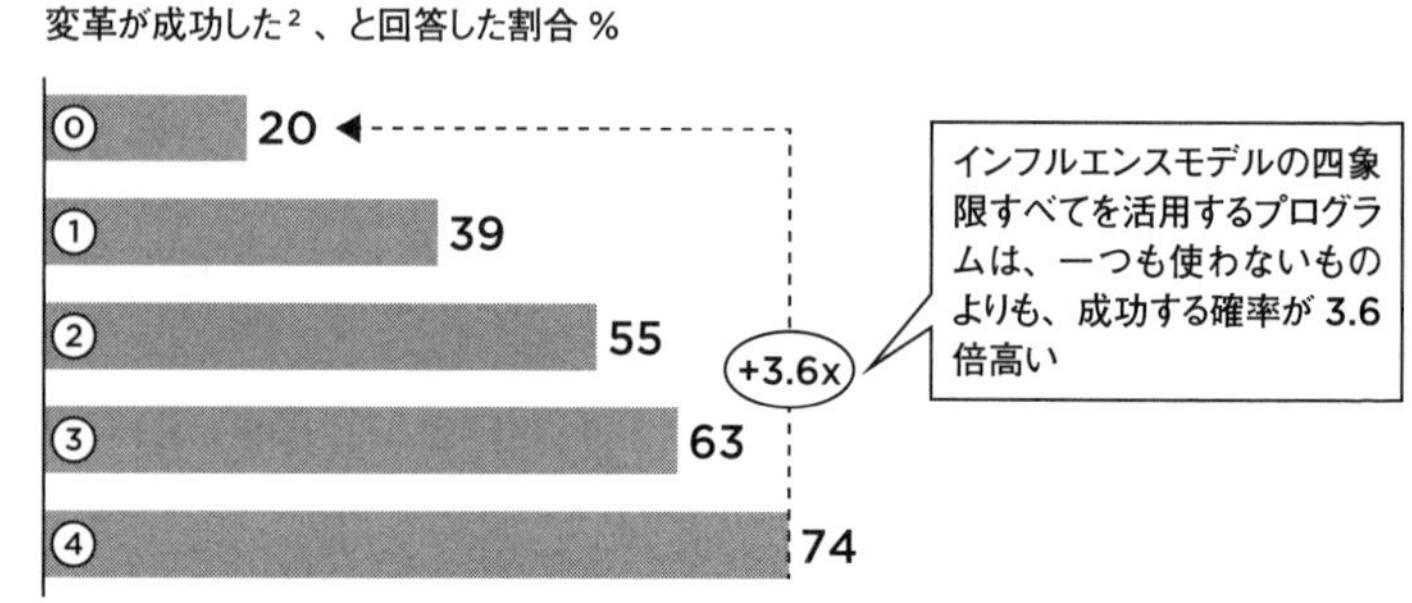


1. 回答数は 0, n = 91; 1, n = 165; 2, n = 293; 3, n = 384; 4, n = 544
2. 変革の成功は、(a) 業績の改善　(b) 継続的な改善を続ける能力を構築すること、の2点が著しく成功もしくはある程度成功したものと定義している

出所: マッキンゼー

成功したと答えた経営者の割合は3・6倍になっています（図表4－17）。

## コンサルに丸投げでは成功しない

根本的、本質的なマインドセット、スキル、プロセスを変える組織変革を行わず、単に新しい業務支援ツールを導入したり、外部人材を他社から連れてきたり、コンサルタントなどの外部に丸投げ的に依頼しただけでDXを進めるケースも多々見られますが、そうしたケースが成功する可能性は低いと言わざるを得ません。

数名、数十名の優秀な人材を外部から取り入れたところで、組織全体で見たときの9割9分はもともといた人員

です。その大多数の人たちを含めてマインドセットを変え、スキルを向上し、自社のプロセスを変えていかなければ、ＤＸのような本質的な変革を可能にする企業文化変革は成し遂げられません。企業文化変革と、新しいツールや人材の採用などの手法を両輪で実践しなければならないのです。

## 次の次の社長になるかもしれない人を探す

また、ＤＸにおける組織変革に欠かせない人材としてよく挙げられるのが、トランスレーターやエバンジェリストといった役割です。

さらに、企業文化という観点からいうとそれらの人材以上に必須といえるのが、「リーダーになる人」「将来の社長になる人」の存在です。

こうしたトップ人材には、年代やテクノロジー等の枠にとらわれず、経営者目線でテクノロジーがもたらす本質的な変化、ツールの持つ意味とそれが組織にどのような波及効果を起こすかを見抜くことができ、なおかつ情熱を持って人を変えていくこともできる人間であることが求められてきます。そうした人材に、トランスレーターやエバンジェリストという要素も重ねて担ってもらうことが必要になってくるのです。

ほとんどの日本企業は年功序列型の組織になっていますから、タテ方向にもヨコ方向にも話が通じるような人間が重要です。そうした人材が組織のド真ん中にいない限りは、企業文化変革も道半ばで終わってしまうと言っても過言ではありません。

このようなトップ人材を組織内から選ぶ際は、「次の次の社長になるかもしれない人」を探すというイメージが最も近いかもしれません。そうした人間をトランスレーターの位置に据えることで、「こいつだったら話を聞いてやらないとな」という説得力や強制力のようなものが生まれてきます。

## 企業文化変革の成功要因とは

企業文化変革に成功している企業を見ると、成功要因の半分を占めるのが、プロジェクト最初の〝立て付け〟です。これは、次のようなことです。

①志の高い、本質的な変革をもたらすターゲットを設定する
②片手間ではない、勝てる体制、経営者の本気度が伝わる体制、チームをライン、本業として構成する

そのうえで、

③いつまでに、誰が何をするのか、という明確なタイムラインを約束として設定する

成功要因の残りの半分は、絶対に諦めないという強い意志で、数年間にわたる変革

**図表 4-18**　失敗の理由は「やり抜く意識の欠如」「変革プログラムの失敗」。「事業そのものの課題で失敗した」と答えたトップは少ない。

変革失敗の理由（%）

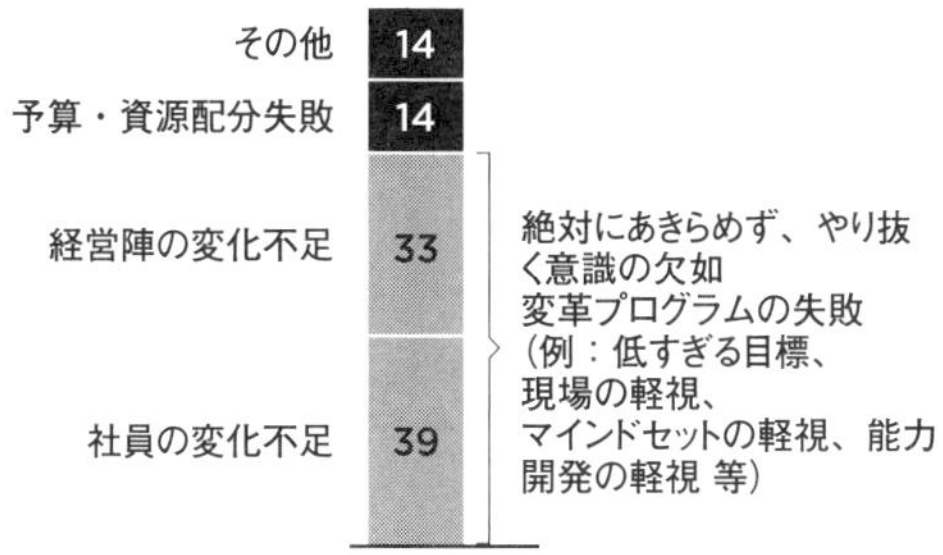


出所：マッキンゼー

を徹底的にやり抜くことです。

変革に失敗したトップにインタビューすると、途中で様々な状況の変化や、組織的な逆風などがあり、変革をやり切れなかった、と答える割合が高くなっています（図表4－18）。

たとえ途中で失敗したとしても、少なくとも現トップの任期中は変革の旗を降ろすことなく、やり遂げることがポイントです。

企業文化変革に失敗している企業の多くが、この立て付けの段階で失敗しています。プロジェクト組成の途中で反対にあうことで妥協したり、抵抗勢力的な中間管理職が主張する〝現場の負担〟という錦の御旗を精緻に検証することなく斟酌してしまい、リソースを中途半端に減らしたりすることで、DXとは到底呼べない小さな取り組みに終わってしまうのです。

ここで改めて強く言いたいのが、高すぎる目標をおいて、失敗することが問題なのではないということです。むしろその逆で、最大の問題は、低すぎる目標をおいて、小さすぎる成功をしてしまうということです。

低すぎる目標を設定してしまい、それに向けて中途半端に実行し、中途半端に成功することで、全社的な改革に失敗し、途中であきらめるというパターンに陥ってしまうのです。

## 買収や合併は企業文化変革のチャンス

会社が買収されたり、競合他社と合併したりなど、外部からのプレッシャーによる危機感をきっかけに企業文化が変わるケースもあります。

内的な刺激だけでなく、外部環境からの刺激との両輪で変革を進めることも必要であり、自前主義のぬるま湯のような環境のまま根本的に変革するのは困難を極めるでしょう。圧倒的な外部環境のプレッシャーと外の知見を、何らかのかたちで取り入れないといけません。

改めて強調したいのが、企業文化変革は、プロジェクトが進展してから着手するのではなく、そのスタートのタイミングから始めなければならないということです。そうしなければ、中途半端な失敗、やらなければいいものとして終わってしまうことでしょう。

中途半端なDX――すなわち市場プレッシャー対応、株価対策のためのDXでいいのであれば、別に企業文化にまで踏み込まずとも、システムと業務の問題点だけ見直せばいいわけです。そうではなく、〝本物のDX〟を成し遂げたいのであれば、立て付けの段階から、システムや業務の変革とあわせて、企業文化変革に着手しなければなりません。

## 経営者の7つの掟

ここまで、DXを成功させるために必要なDX成功レシピの6要素について解説してきましたが、最後に、デジタル変革を成功に導くために経営者が守るべき7つの掟を紹介します（図表4－19）。

掟の1から3は、DX成功のレシピの「戦略ロードマップ」に関わるものです。経営者は、10年後のビジョンやありたい姿など、つねに北極星になるような、高い目標

**図表4-19** 経営者の7つの掟

| | | |
|---|---|---|
| 戦略を正しく作り合意する | 1 | CEOがデジタル変革（DX）のオーナーになり、常にビジョンを示して最後までリードする |
| | 2 | 10年後の未来を見据えて、自社の競争優位を明らかにする |
| | 3 | サイロ化を解消し、DX実行責任者に大胆に権限・予算を委譲 |
| 最初の一回しを成功させる | 4 | 最初の一回しを連続して実施し、1年以内に成功事例を作る |
| | 5 | テスト＆ラーン― 迅速に動き、学び、次に生かす |
| 新しい組織能力を構築する | 6 | 人材はただ投入するのではなく、能力開発をする（アカデミー） |
| | 7 | リーダーシップチームとしてロールモデルとなり、成功を称賛し続け、全社への展開を見届ける |

出所：マッキンゼー

を示す必要があります。

その際に自社の強み、優位性はどこにあるのかを徹底的に突き詰め、誰もが血沸き肉躍るような夢を、自分の言葉で語ることが大切です。部門長や従業員は、そこからバックキャストすることで、3年、6か月、3か月のDX計画を作ることができます。DX実行に際しては、実行責任者を任命し、権限予算の責任を移譲します。その際、役員間の出世競争や縄張り闘争からDX責任者を隔離・保護することで、部門別のサイロを解消し、DXを成功させる土壌を作る必要があります。

次の4、5は、DXレシピの「実行」に関わるものです。DX実行の際は、パイロット・POCを実施し、実験・検証できればよいという「練習の姿勢」でやるのではなく、最初の一回し目こそが「真剣勝負の本番」であると捉え、あらゆる方法を使って、絶対に成功させ成果を出すことが必要です。

社長直轄の肝入りプロジェクトとして始めたDXが、失敗に終わるもしくはインパクトが出せないという結果に陥るならば、「ほら見たことか」と社内の抵抗勢力が盛り返します。そして社内世論が誘導されることで、DXや変革が進まなくなってしまうからです。

成功した場合、自分もDXに関わりたいと思う社員が増え、一気に弾みがつきます。最初の一回し目を成功させるためには、最初から優秀な人材を割り当て、本当に会社にとって意味があり、成果が出る正しい施策を選び、レシピに沿った正しい方法論で、ビジネス部門、IT部門を連携させて実施する必要があります（図表4－20）。

最後の6、7は、レシピの「ケイパビリティ（組織能力）」に関わるものです。DXを成功させ、全社に拡大させ、自走化させるために必要となる、新たなスキルを育成する必要があります。例えば、旧来から必要とされてきた戦略的思考力、人心掌握術、マネジメント能力等に加えて、顧客志向、デザイン能力、ビジネスプロセスをゼロベースで再設計する力、ビジネスとテクノロジーの両者を翻訳でつなげるトランス

図表 4-20 デジタル変革を成功させる実行方法

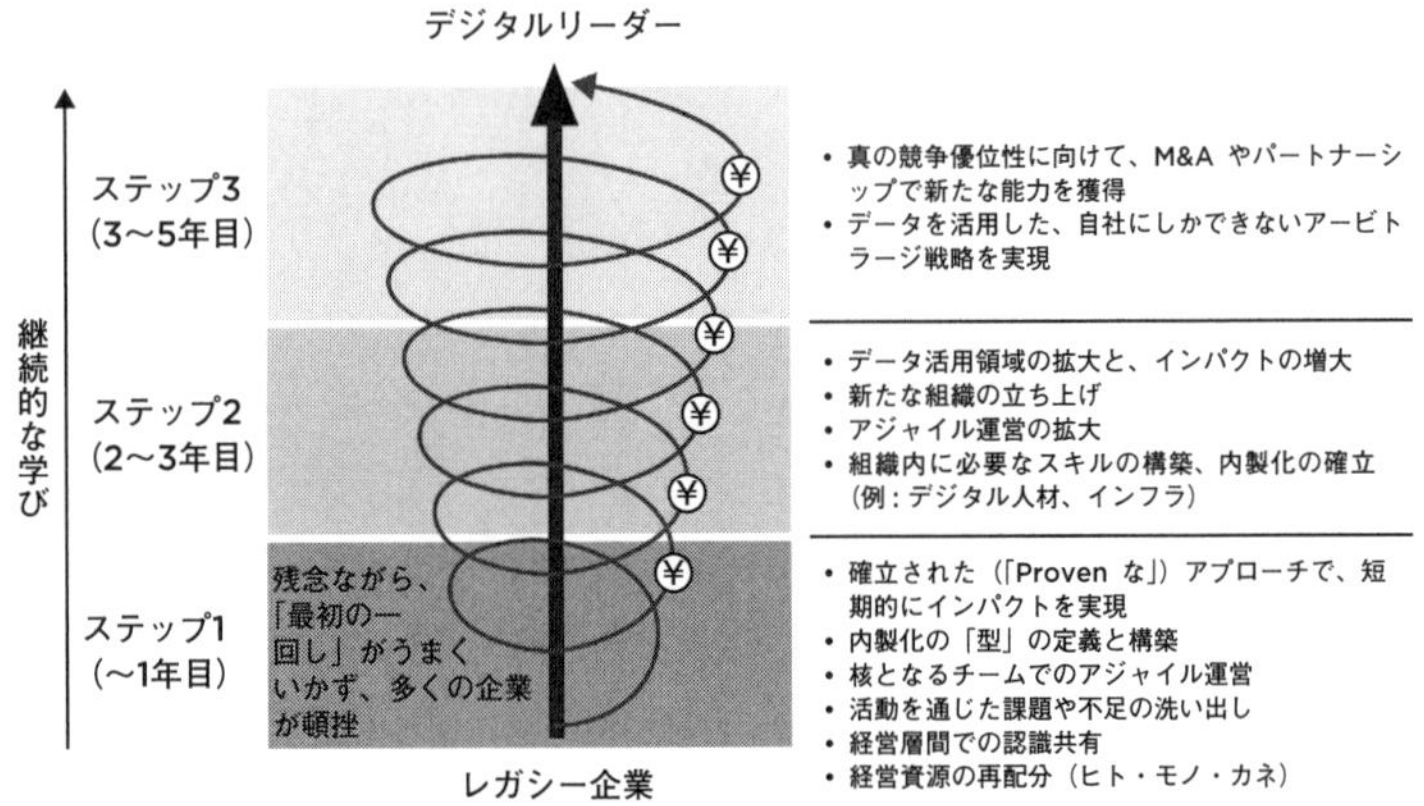
デジタルリーダー
継続的な学び
ステップ3
(3～5年目)
・真の競争優位性に向けて、M&A やパートナーシップで新たな能力を獲得
・データを活用した、自社にしかできないアービトラージ戦略を実現
ステップ2
(2～3年目)
・データ活用領域の拡大と、インパクトの増大
・新たな組織の立ち上げ
・アジャイル運営の拡大
・組織内に必要なスキルの構築、内製化の確立（例：デジタル人材、インフラ）
ステップ1
(～1年目)
残念ながら、「最初の一回し」がうまくいかず、多くの企業が頓挫
・確立された（「Proven な」）アプローチで、短期的にインパクトを実現
・内製化の「型」の定義と構築
・核となるチームでのアジャイル運営
・活動を通じた課題や不足の洗い出し
・経営層間での認識共有
・経営資源の再配分（ヒト・モノ・カネ）
レガシー企業

出所：マッキンゼー

レーター能力、正しい技術や協力パートナーを選び抜く目利き能力、正しいアジャイルの実行力等の新たなスキルが必要です。

経営者は、新たなスキルを社員に身に着けさせて、自社の組織能力＝武器として磨き上げていく必要があります。グローバルのＤＸ成功事例では、設備や広告への投資から、人材への投資にシフトすることが、ＤＸの要諦であるという経営者が大半です。

この第４章で述べていることは、理想論に聞こえるかもしれません。しかし、ここで書いた内容は、実際に日本企業で起きた事実をもとにしています。これらは、私たちが過去数年間、日本企業の皆さまと一緒にＤＸを進める中で突き当たった多くの壁、そして、それらをいかにして乗り越えてきたかというノウハウの塊です。

真のＤＸとは、それにより本当に財務的な成果が出て、企業価値が上がり、社員の気持ちが変わり、組織が新たな能力を身に着け、企業文化が変わり、自走化し、自律的に絶えず進化していく状態を意図して作りだすことです。これは、他人任せにして、一朝一夕に成し遂げられるものではありません。経営者が先頭に立ち、組織全体を全力で引っ張っていかない限り実現できない、一世一代の大変革なのです。

コラム

# DX成功のカギは「武士道」にあり

## 調和や伝統を重んじる文化

マッキンゼーの東京オフィスでデジタルチームをリードすることが決まり、2020年にフィンランドから日本に移住した際に、息子たちに日本の柔術を学ばせることにしました。いまでは子供たちと道場で共に稽古することは、私にとって1週間の楽しみの1つになっています。

そうした中で、最近不思議に思うことがありました。この1年、柔術教室を通じて3歳の娘さんを持つ若い日本人のご夫婦と親しくなりました。その娘さんは、いつも元気いっぱいでエネルギーに溢れ、長時間の稽古でさえ、疲れをまるで感じさせません。しかし、そんな様子を見ながら彼女の母親は時々、娘さんが元気すぎて、日本の社会にうまく馴染めないのではないかという不安を口にするのです。フィンランド人の私は、彼女の母親がそういった不安を抱えていることを不思議に感じました。なぜ、「元気すぎる」ことが懸念になるのだろうかと。しかし私は、日本の方々が私たち北欧人よりも、周囲の人からどう見えているのかを強く意識し、調和を重んじながら生活されていることを悟りました。

私はこの調和といった文化的特性が、個人の付き合いだけでなくビジネスにおいても、日本社会の根強い慣習の元になっていると感じます。調和や伝統を重んじるという文化は、日本企業においても脈々と受け継がれ、この国のビジネスを支えてきました。その結果、日本には世界で最も長い歴史を持つ企業が数多く残っています。

## デジタル変革2つの原則

しかし、この世界の状況は様変わりし、その伝統的な価値観に固執することが、現代のデジタル・エコノミーにとって足枷となりつつあります。マッキンゼーが先日発表した「Japan Digital Agenda 2030／2030日本デジタル改革」の調査では、グローバル視点で見たデジタル変革の進捗において、日本は世界の第33位にとどまっています。

これはなぜでしょうか。その問いに答えるには、デジタル変革には2つの原則が存在することを知る必要があります。1つ目は、いち早く行動を起こした企業が市場の大きなシェアを獲得するということ、そして2つ目は、「勝者総取り（Winner takes all）」の原則で、各業界における先駆者とフォロワーのギャップはますます拡大していくということです。

多くの日本企業では、デジタル変革に着手する際にコア事業の構造を抜本的に見直したり、オペレーションの最適化によって競争力を強化するのではなく、目新しい施策に注力する傾向があります。これはやがて、コア事業の競争力の低下をもたらします。

さらに、日本の企業はソフトウェアおよびデジタル面のニーズにおいて、外部の業者に過剰に依存する傾向があります。多くの企業では、デジタルエキスパートの70％が社外の人材であり、社内の人材プールから選出および育成された人材は30％にとどまっています。そして、大半の企業において、経営層のデジタルテクノロジーに関する理解は限定的です。社内のデジタルケイパビリティの積極的開発に取り組もうとしない企業・変わろうとしな企業は、短期的な調和の維持と引き換えに、ビジネスおよび従業員の長期的な幸せ（ウェルビーイング）を犠牲にしてしまっています。

競合する海外の企業では、日本の逆になっています。多くの場合、デジタルへの取り組みの70～80％はコア事業の構造改革および組織の再編成に、20～30％は新たな事業・サービスの創出に充てています。また、そういった企業の多くは、有能な人材を社内に有しています。テクノロジーに関する知識と経験を持った役員が、経営層のデジタルリテラシー向上を牽引するというケースは、珍しいことではありません。日本の企業は技術面において海外の競合企業と同等かそれ以上の知識を備えているにもかかわらず、求められる変革を推進するために必要なイノベーション、そして変革を受け入れる企業文化が欠けてしまっています。

外部の業者への過剰な依存は、企業の成功を妨げる要因になります。例えば、外部業者に、デジタルに関しては自社に依存させたいという思惑があった場合、顧客企業との間で利害の不一致をもたらすことが少なくありません。外部業者が顧客企業にとってベストの結果をもたらそうとすることは、自身の利益を損なうリスクを孕んでいます。

私の印象では、既存の事業構造を大きくアップグレードすることによって、既に確立された流れが変わることに、日本企業のリーダーは難色を示します。皮肉なことに、私が知っているリーダーの多くはそのことを認めており、トップダウンの組織変革が進まないことに頭を悩ませていました。組織のダイナミクスにおける柔軟性の欠如は、多くの企業に共通する課題です。多くの日本企業の構造は階層的です。古参社員を戸惑わせるという理由で、中間管理職の人々はどのような変更もよしとせず、各部署は極端にサイロ化されてしまっている場合が少なくありません。

では日本のビジネスリーダーたちは、いかにして因習を打破し、切実に求められている変革を率先して実施することができるでしょうか。

## 『葉隠』に学ぶ理念

不思議なことに、その答えは日本の歴史の中に見いだすことができます。17世紀に武士の家庭に生まれ、学問の道に進んだ山本常朝は、『葉隠』の口述者として知られています。フィンランド人である私にとっても、この『葉隠』には魅力が詰まっています。後世にまで大きな影響を与えたこの書物で、彼は戦とその影響に対する姿勢について、次のように語っています。

「たとえ負け戦になるとわかっていても、応戦すべし。これにおいては、知恵も技術も関係ない。真の男は勝敗を意識することなく、不条理な死へ飛び込んでいく。そうすれば、夢から目覚めることを知っているからだ」

刀は交えないものの、私はこの理念が今日におけるデジタル・エコノミーにも当てはまると考えます。デジタル変革の責任はトップマネジメントにあり、日本におけるビジネスリーダーたちは、確固たる決意を持ってデジタル変革を先導する必要があります。失敗を恐れたり、他人の目を意識しすぎることなく、リーダーはやるべきことに取り組まなくてはなりません。変革は常にトップダウンで推進されるべきであり、その有効性は多くの研究により立証されています。マッキンゼーが調査を行った日本の経営者に対するサーベイでは、約45%が、トップマネジメントによる支援とオーナーシップが、デジタル変革の成功における最も重要な要因だとしています。

リーダーは自らの意思でデジタル変革を先導し、自らの想いでビジョンを明確にするとともに、そのストーリーを組織に対して語ることができなくてはなりません。企業価値を大きく変える成果を収めるためには、リーダーはデジタルがもたらす機会を具体的に把握し、常に状況を見極めながら、絶え間なく行動を起こしていく必要があります。根回しやコンセンサスの構築も大切ですが、何よりも重要なのは組織の羅針盤となる方向性の提示です。

## リーダーが進むべき道

成功を収めているビジネスリーダーたちは、デジタル変革の推進では、従来の組織の動かし方とは異なる、新しいアプローチが必要であることを理解しています。

科学的管理法（タスク特化による効率化）は20世紀には有効だったかもしれませんが、21世紀の現在では時代遅れとなりつつあります。過去の慣習に固執する企業では、自動化とアナリティクスによって、多くの仕事が代替されることを目の当たりにするでしょう。今日において、結果を出す組織は広範囲で「アジャイル」を実践し、顧客に対する付加価値創出を組織横断的に実現しています。そして、自ら意思決定を下すことができる権限をアジャイルチームに委譲しています。

まず日本企業が着手すべきこととして、デジタルリテラシーの強化を挙げたいと思います。結果を出すには、組織全体でデジタルリテラシーを底上げする必要があります。CEOはデジタルを単なるツールとみなしたりIT部門に丸投げするのではなく、デジタルの本質について理解しなくてはなりません。そうでなければ、従業員からの敬意は得られず、組織を新たなステージへと導くことはできないでしょう。テクノロジーとイノベーションは、従業員の様々な活動の根幹でなくてはなりません。例えば、通信機器大手のNokiaの会長を務めるRisto Siilasmaaは、まず機械学習に関するオンライン講座を受講したうえで、その可能性と具体的な活用方法を組織全体に理解させ、テクノロジーがNokiaをどのように変化させるのかを明確に示しました。

言うまでもなく、野心的なデジタル変革への取り組みには、大胆で決意を持った投資が必要です。デジタル化において変革は容易ではなく、複雑なプロセスは時に痛みを伴います。いずれにせよ、リーダーは組織と従業員に新たな体制とプロセスへの順応を迫ることになります。リーダーとなる人物は変革を断行するとともに、武士道の精神性によって不安や恐怖を克服し、信じた道を進まねばならないのです。

日本企業がそういった課題をクリアできると信じるに足る、確かな根拠があります。目的の達成までひたむきに取り組む姿勢はこの国の文化であり、常に成長しようとする〝カイゼン〟の価値観が深く根付いています。調和の維持とは従業員に難題を課すことの回避だけではないことを、リーダーは理解する必要があります。短期的に困難を経験することと引き換えに、従業員やステークホルダーに長期的なメリットをもたらすことも、その一環なのです。

決意に満ちたあるべきリーダーシップによって、日本企業はデジタル変革を成し遂げて結果を生み出し、世界経済をリードする組織へと生まれ変わることができるはずと強く信じています。

# 第5章

# あなたは、何をすべきなのか

## 次世代リーダーが立ち上がるべき理由

### 現経営陣は10年後を保証できない

ここまで読み進めていただき、お気づきになったかと思いますが、私たちはこの本の対象読者を、次世代リーダー、つまり次の経営幹部になる世代の方と仮定して話を進めてきました。それは、自社の未来の存続を危ぶみ、若い世代を導ける確率が最も高いと信じているからです。もう少し具体的には、会社の中で本部長、部長といった役職を任されている世代、40~50代に、会社の変革のために立ち上がってもらうこと、これがDXの成功の要諦だと考えています。

はじめにでも述べましたが、経営者の方々にお会いしたとき「御社は、いまのビジネスモデルで、あと何年生き残れますか?」という質問をしています。「3年、5年後は生き残れますか?」と問いかけると、そこまで大きな変化が起きないと思っている方が多い。「競合他社がいきなり市場を独占することはないし、そこまで大規模な新規参入も起きない。顧客のビジネスやニーズも大きくは変わらないだろう」というわけです。

ところが「10年後、20年後はどうでしょう?」と質問すると、表情を曇らせ、多くの方が「それはわからないな」「古いモデルのままでは無理だろうな」と答える、あるいは答えに窮してしまう方が多いのです。

その頃には、質問に答えてくれた現経営陣は会社にはいません。

ここがDXの難しいところです。今すぐにアクションを取るべき理由が、現経営陣には見つからないのです。

## 危機感がDXを進める

本当にそうでしょうか。企業の状態ごとに見ていきましょう。

赤字に陥った企業はDXの前に、自社の構造改革、特にコスト削減を実施する必要があります。DXの進展が早い業界、つまり、すでに新規参入者がシェアを奪った業界（小売り、旅行、エンタメ等）においては、DXは必須です。キャッチアップできなかったら倒産の危機に陥ります。次に、DXにより新規参入者が侵食しつつある業界（自動車、消費財等）では、自社の価値を守る、または、再定義するためにDXを進めようと危機感が高まります。最もDXを進める必要性が見出しづらいのは、コロナ特需などで業績が好調な企業や、変化のスピードが遅い業界に身を置く企業です。例えば、電力・ガス・素材・通信・金融などの社会インフラや材料を提供する業界です。

規制緩和もあり競争環境に変化はあるものの、安定的な収益基盤があることが、変革を阻害しているのではないでしょうか。あるいは、一部の製造業のようにサプライチェーン全体が複雑に絡み合い、既に確立された事業構造が継続している業界では、自社だけが変わっても意味がないと考える企業もあります。

しかし、このような業界でも必ず変化は訪れます。差し迫る危機感を感じられない場合は、「盛者必衰の理」の図（図表5－1）を使って想像してみてください。

この図は、過去20年に起こった様々な業界での産業構造の変化を単純化した図です。最初に音もなく忍び寄るのは、GAFAやテックネイティブ企業による第一波です。安価に利便性の高いサービスやアプリを提供することで、消費者や顧客が奪われます。しかし、まだこれだけでは、従来型企業にとっては大きな利益損失や企業価値低下は見られないかもしれません。

次に訪れる第二波は、オーナー系企業により引き起こされます。オーナー系企業は危機に対する感度が高く、また、消費者の声や新しく登場したサービスから敏感に市場の変化を感じ取ったオーナーが一気にＤＸに舵を切り、使える技術は全部使って自社のシェアを伸ばそうと頑張ります。これは、従来型企業にとって、大きな痛手になります。一定のシェアが奪われ、株価も相対的に下がります。

**図表 5-1**　DX で起こった産業構造変化（盛者必衰の理）

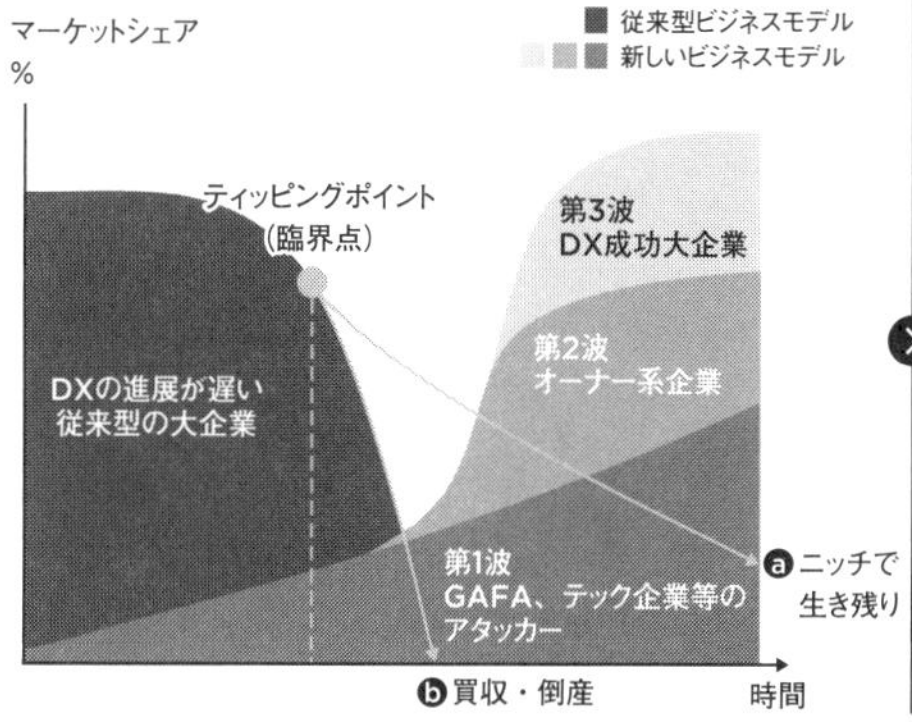


第 1～3 波で引き起こされる従来型企業への悪影響

・価格の下落
　＝既存企業の利益がその分下がる
・利便性の高いプラットフォームによる顧客の囲い込み
　＝スイッチングコストが高く、
　　消費者・顧客は新サービスに
　　定着化し、二度と戻らない

従来型企業の選択肢

ⓐ ニッチで生き残り
ⓑ 買収・倒産
　例：レンタルビデオ、百貨店、
　　メディア、旅行等

| | 第1波 | | 第2波 | | 第3波 | |
|---|---|---|---|---|---|---|
| | GAFAやテック企業などによるプラットフォーム提供と利便性による囲い込み | | 伝統的企業の中でもオーナー企業等将来への危機感が高く、意思決定が速い企業 | | 伝統的大企業の内、早くからDXに舵をとった企業 | |
| 海外事例 | Google<br>Apple<br>Facebook<br>Amazon | TESLA<br>Netflix<br>Airbnb<br>Uber | Walmart<br>Volkswagen<br>Ford | Cargill<br>PING AN | BOSCH<br>Coca-Cola<br>DBS<br>Johnson & Johnson<br>L'Oréal | Disney<br>The New York Times<br>ING<br>Rolls-Royce<br>LVMH |
| 国内事例 | 楽天<br>ヤフー<br>NTTドコモ | ソフトバンク<br>エムスリー | ニトリ<br>DAISO<br>UNIQLO | | トヨタ自動車<br>クボタ | コマツ<br>リクルート |

出所：マッキンゼー

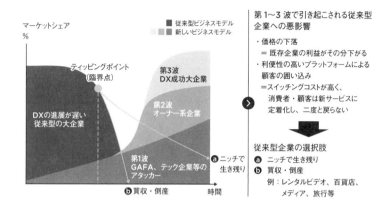

慌てふためく従来型企業に襲い掛かるのは、満を持してやってきた第三波です。これは、第一波が来た頃に、将来のリスクを予測し、ＤＸに投資を続け、地道に業務プロセス変革や新たなサービスの実験を続けてきた、資金に余力のある大企業です。この第三波が来ると従来型企業の息の根は止まります。ティッピングポイントと呼ばれる臨界点を超え、もはや従来型企業に残された道は、低収益事業を切り売りしてニッチに生き残るか、会社ごと買収される、あるいは倒産の憂き目にあいます。

要するに、どんなに利益が出ていて安泰な企業でも、転ばぬ先の杖として、ＤＸによる企業変革に着手すべきなのです。むしろ利益が出ているうちにこそ、積極的に投資を行い、社員に新しい能力をつけてもらい、来たるべき危機に万全の備えをすべきなのです。

## あなたは、何をすべきなのか？

10年後に会社の舵取りを任されるとしたら、あなたはまず何をしますか？ 10年後、会社がなくならないために何をすればよいでしょうか？

答えは、企業変革をすぐさま始めることです。マッキンゼーは、リーマンショック後の20年間の企業パフォーマンスについて比較分析を行いました。現在の企業価値が

**図表5-2　20年後の未来を決めるのは、今**

リーマンショック後のTSR（Total Shareholder Return：株主総利回り）※1の変化

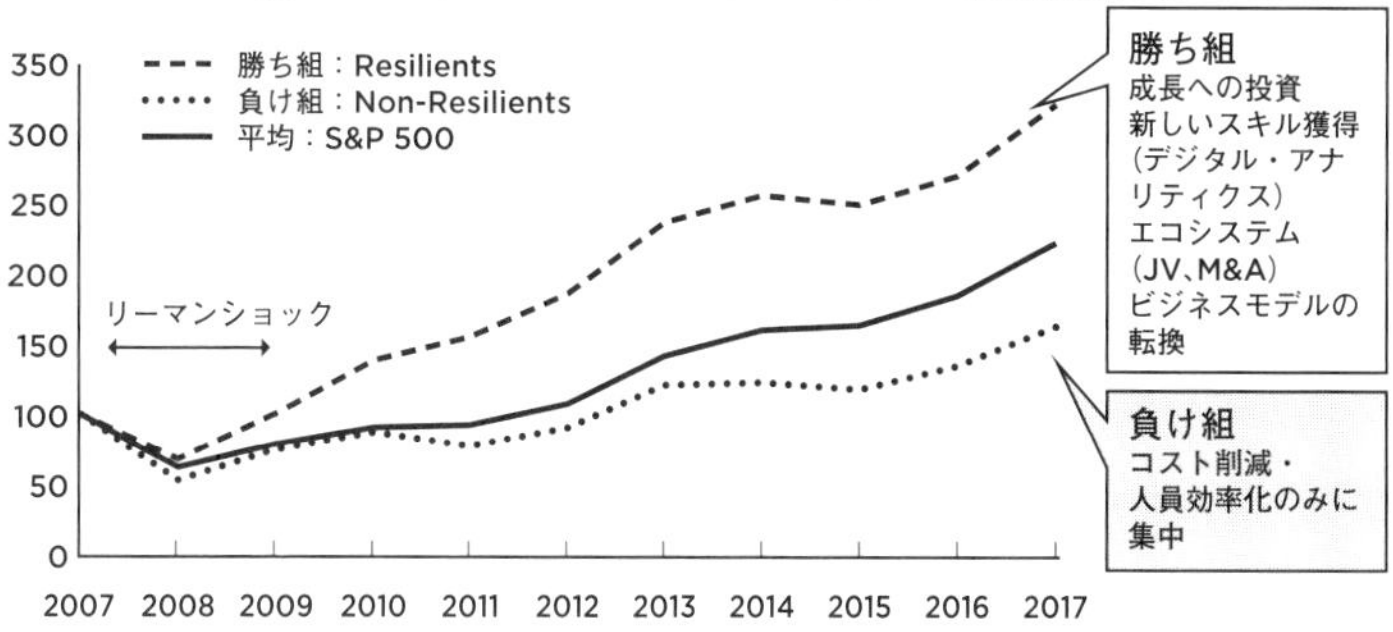


※1. TSR＝（株価の上昇額＋1株当たり配当額）÷当初株価（%）Calculated as average of sub-sector medians performance of Winners and rest. Includes 1,140 companies (excluding FIG & REITs)

出所：マッキンゼー

平均よりも高い企業を勝ち組、低い企業を負け組と定義しています。勝ち組はＤＸに継続投資し、それを通して人材を育成し、売上を成長させることができた企業でした。負け組は、コスト削減と人員整理のみに終始してきました。これが過去20年間の違いです。

具体的に何をすればいいのかを洗い出すため、もう少し、先ほどの研究からの学びを振り返ってみましょう。勝ち組企業は、ＤＸをやって何を成し遂げたのでしょうか。研究によると、ＤＸによる業務効率化で得られた原資を元に、売上成長のための投資を行っていました。特に、社員のリスキリングや、Ｍ＆Ａで不足する組織能力を補填し、新しい血を入れることで、古い組織を活性化させました。

また、他の企業と積極的にエコシステムを組むことで、新しいビジネスモデルに挑戦しました。これらを通して、社員は自前主義を捨て、顧客・消費者の本当のニーズを満たせる商品・サービス・体験を、他の企業との連合体として提供することで、より大きな果実を得られることを体感しました。

結果的に、勝ち組企業は、DXを通じて、組織能力をアップグレードすると共に、他社と協力しながら新しい顧客層を獲得し、自社の保守的な企業文化を変革することに成功していたのです。GAFA等の先行企業に追いつくだけでなく、歴史やアセット、スケールメリットを生かして、追い越そうと、必死で努力している姿が浮き彫りになりました。

国家レベルの競争でも全く同じことが起こっています。2050年、GDPがインドやインドネシアに抜き去られ、経済的に衰退し小国になり下がった日本か、コロナ禍を契機に一気にDXに舵を切り、リープフロッグを成し遂げて、豊かになった日本か。あなたは、どちらの未来を見たいですか。あなたは、どちらを子供達に残したいですか。いまアクションを起こすか、目をつぶってやり過ごすか、その決断で未来が変わるのです。

## 次世代リーダーが身につけるべき能力

DXを開始し、最終的には企業文化の変革をしていくことが次世代リーダーであるあなたの役割です。では、あなたは、DXを進めるにあたり、どのような能力を身につけているべきでしょうか?

必要とされる能力を、次世代リーダーに求められる役割を定義することで説明していきましょう。

### 現場と経営層に橋を架ける

次世代リーダーは、経営層と現場のちょうど間にいる世代です。変革は、トップダウン、ボトムアップ、ミドルアップの3つがうまくかみ合って初めて成功します。

いまだにスマホを使いこなせない経営者に対して、DXとは何か、その本質は何か、経営者に何を期待するのか、何を意思決定してもらうのかを定義するのが、あなたの役割です。

一方で、現場には、スマホですべてをこなし、「大学でPythonを使っていたので、ある程度ならデータ分析ができます」という世代が入ってきています。いまさらDX

なんて何を古いことを言っているのか理解できないという姿勢かもしれません。しかし、企業変革をスタートするにはまず現場からです。彼らからうまくアイデアを引き出しながら、現場での課題を解決しましょう。そのために、DXを全社的に実施することが必要であると経営層を説得するのです。

そうやって、組織という大きな身体に、新しい血を通わせていきます。ここで必要な能力は、基礎的なデジタル技術の理解と、人の声に耳を傾け理解し、課題を見つけて解決する能力の2つです。

## 自分の古い脳をアップデートする

現場と経営層に橋を架けるのは大変ですが、それだけでは物事は進みません。それどころか、突拍子もないデジタル施策のアイデアが現場から出てくると、次世代リーダーの皆さんが、それを止めてしまうことがあります。

現場の若手はデジタルネイティブです。業務効率アップや売上増のDXアイデアをあなたに提案してきます。しかし、あなたが経営陣への提案を止めてしまっている場合があることに、気付いてください。なぜならば、あなた自身の成功体験が邪魔しているからです。足で稼いだ、粘着質な営業による案件獲得、技術力や機能の数で競合より売れた商品、製造現場でのシックスシグマを用いた品質改善での地道なコスト削減……これらの成功体験から外れてしまうようなアイデアを、あなたは経営者に提案できるでしょうか。

また、DXで使われている技術は難解な用語を含むものが多く、加えて、やってみないと成果が出るかわからないなど、成功が確信できないようなハイリスク・ローリターンなアイデアを、信念をもって提案できるでしょうか。

自分のこれまでの古い脳をアップデートする能力が求められます。DX食わず嫌い、DX嫌悪をなくしてください。あなたが失敗するリスクを恐れすぎて、若手の提案が経営陣に届く前に、石橋をたたき壊しています。

絶対に失敗せず、早く大きな効果が出る魔法の杖のようなDX施策はありません。難易度が低く、早くビジネス効果が出る施策を、一度限りではなく、ひたすら実行していくのが変革への一番の近道です。

まずは、現在普及している技術を知り、それを使って成功した事例を知り、自社でもできる・やり切れるという自信をつけてください。そして実際に、これぞと思うDX施策を2、3やってみて社内に成功体験を作り、組織に自信を与えることが、大切な役割です。

## のび太くんになって「専門家」に助けを求める

ＤＸアイデアの実行を開始できたとしても、様々な問題が立ちはだかります。例えば、ＩＴ部門から、「今は基幹系システムの更改で猫の手も借りたい状態」「あなたがやりたいＤＸ施策は基幹系システム更改より優先度が低い」「実行するには2年の期間と10億円の予算が必要です」などと言われ、協力してもらえないかもしれません。しかし、ここで立ち止まってしまっては、ＤＸは永遠に始まりません。

あなたは、代替策を提案する必要があります。そのために必要な能力は、デジタルの基礎を学ぶことです。例えば、ＡＩについての無料講座動画を視聴してみてください。実際に手を動かしてアプリを作ってみてください。「世の中で流行っているクラウドツールって何があるのだろう？」「デザインシンキングって何だ？」「自社に当てはめるにはどうするの？」など、いろいろ疑問がわいてくるでしょう。

現在はデジタル技術の民主化といわれる時代です。これまでのように専門家にしかわからない技術ばかりではなく、新しいテクノロジーは誰もが理解できるように作られ、またそれを教えてくれる情報ソースも豊富にあります。実績が豊富なクラウドソリューションの会社（アマゾン、マイクロソフト、Google、セールスフォース、アナプランなど）に連絡を取ってデモを見せてもらうのもいいでしょう。そしてローコードなどで実際にアプリづくりを体験してください。あるいは、皆さんの周りでも大手企業を離れてスタートアップ企業にチャレンジをしている仲間や、他業界に移った方がいらっしゃるのであれば、そうした方と連絡を取り、クラウドやＡＩなど、新しいテクノロジーがどのように使われているかを聞いてみてください。きっと、30分ほどのオンラインミーティングだけでも新たな刺激があるはずです。

こうした「他流試合」の機会を積極的に作ることで、あなたの知識とそれをもたらしてくれる人のネットワークが驚くほど増えていきます。ある会社では、テックベンチャー企業やＶＣ（ベンチャーキャピタル）を招いて、ミートアップイベントを開催したり、ピッチ大会と言って、大企業が抱える事業課題に対してテックベンチャー企業がその解決方法を競い合うというイベントを開く会社もあります。

個人的に勉強するには、ＭＯＯＣ（Massive open online course）、いわゆる、オンライン講座を利用するのが手っ取り早いでしょう。ＪＭＯＯＣ、東京大学、Ｕdemy、gaccoなどが多数のオンライン講座を提供しています。海外では、スタンフォード大学中心のCoursera、マサチューセッツ工科大学とハーバード大学が共同開発したｅｄＸが有名で、広く活用されています。日本では、直接、東京大学の松尾研や東洋大学の坂村研と実案件をベースに競合し、能力育成を実施している企業もあります。

第4章で「のび太くんになれ」と言いましたが、新しい技術を身につけるためには、素直に自分がわからないことを認めて、どんどん質問して、やりたいことを伝えて、学んで、経験して、失敗して、自分なりの腹落ちを作っていくことが、最も大切です。

そうやって求め続けていれば、ドラえもんのように素晴らしい未来の道具を持った、テックベンチャーやクラウドベンダーの優秀なエンジニアと、巡り合うことができます。そして、そういった方々と共にIT部門に逆提案してください。「私たちは、このDX施策を6か月以内に実行完了し、成果を出したい」「そのためには、このソリューションと座組でやらせてほしい」「IT部門からも協力してもらえないか」という建設的なディスカッションを繰り返してください。当然、経営陣の賛同を取り、味方につけ、一緒に会社の未来のためにDXを進めることが大切です。

ここで必要な能力は、他者に助けを求める力、コラボレーション力、強い意志とレジリエンス（外力による歪みを撥ね返す耐性）です。

## 伝道師になって全社に変革を浸透させる

DX施策をいくつか実行し、何とか成功に漕ぎつけたとします。そこで直面するのは全社展開の壁です。つまり、これまでに述べたような経営者の同床異夢、中堅層の抵抗、現場の抵抗といった組織や企業文化の課題です。

経営陣の同床異夢の典型的な例は、BU／事業本部間の優先順位、ファンクション間の優先順位（開発・製造・物流・営業・マーケ・バックオフィス等）が役員によって異なり、どこに投資すべきか、どの順番でやるべきかのロードマップが決定できないことです。次に、中堅層の抵抗は、どちらかというと、成功確率が低いものに人生をかけて失敗したくないという心理的な抵抗です。あなたが持っていたのと同じように、自分の脳にある成功体験が邪魔をし、石橋をたたき壊してしまいます。この背景には、そもそもDXが何で、どれほど効果があり、どれほどリスクがあるものなのかを知らないということが多くあります。現場の典型的な抵抗は、DXにより自分の仕事が奪われるのではないかという心理的抵抗と、「現状を維持していれば問題ないのに、なぜ新しいやり方に変えなければならないのか」、もしくは「今でも忙しいのになぜDXまで背負わされなくてはいけないのか」という、現状維持願望です。これら3つの壁に立ち向かい、彼らの考え方を変えない限り、DXは全社には拡大しません。

これらの最もよい解決策は、あなたがDXの伝道師になって、社内のリスキリングのための教育をリードすることです。

経営層には、デジタルリテラシー教育を実施して共通言語を作ること、他社の成功・失敗例を実際にやった人の口から、生の声で話してもらい腹落ち感を作ること、自社のDX戦略・ビジョンを一緒に作り、ロードマップに落とし込むところまでを、役員全員参加で議論するような複数回のワークショップを実施し、全員の賛同を取り付けることが重要です。その過程の中で、どのBUから着手するとか、どのファンクションから実施するのかなど、折り合いがつかなかったDX推進の優先順位を合意していきます。

次に、中堅層・現場に対しては、実際に手を動かすアプリ作成などを通じてデジタル技術を体験してもらうこと、即効性・実利があるユースケースを紹介して、「現場に導入したらどのような効果があるか」を実感してもらうことが大切です。つまり「このソリューションを使ったら非効率な作業がなくなる」「このツールを使えばより顧客のニーズに応えられる」というような腹落ちを持ってもらうことが大切です。特に中堅層には「DXはまずやってみて、フィードバックして、どんどん改良していくような類いの取り組みなんだな」「魔法の杖はないんだな」などの腹落ち感を持ってもらうのが重要です。

そして石橋をたたいても仕方ない、最初から大きな利益は得られない、デジタルのソリューションは一回作って終わりではなく、変更し改良していくことが簡単にできるというようなマインドセット変革を引き起こすことが大切です。

## 最初の一歩

### まず何から始めるべきなのか？

次世代リーダーに期待する役割、必要な能力など、考えただけで頭を抱えたくなるようなトピックが多かったかもしれません。やることも山積みで、「本当に自分にできるのか？」「なぜそこまでしてやらなければならないのか？」「自分一人でできるのか？」「いったい何年かかるのか？」「自分のキャリアにとって本当に意味があるのか？」など、疑問や不安を抱いた方も多いと思います。次に、最初に踏み出すべき一歩をいくつか示します。これらを変革のスタートに活かしてほしいと思います。

### 現場の悲鳴を聞く

最初は、やはり社員の声を聞いてみることです。特に、デジタルネイティブとされる現場の若手社員の声を聞いてください。「なぜ、社内業務にＬＩＮＥが使えないの？」「経営会議に１００枚の資料を印刷して持っていく必要はあるんですか？」

「100万円の案件の承認に10個もハンコいります?」「なぜアマゾンで自社製品が売られていないんですか?」「工場のシフトを手書きの表で管理する意味が分からない」「社内手続きのためだけに出社しなくちゃいけないんですか?」「スマホから社内システムを使いたいんですけど」「取引先との受発注や請求書がFAXや紙でやり取りされているのですが、メールでよくないですか?」……このような、悲鳴に似た声をよく耳にします。

会社に長年いると、自社の業務をゼロベースで見直す機会は、ほとんどなくなってしまいます。自社も、取引先も、今ある業務プロセス・やり方が当たり前になり、非効率であることを他人に指摘されるまで気づきません。シニアな世代の方々は、手紙がメールになった頃、手書きがパソコンになった頃を、思い出してください。今は、そのメールがチャットに、パソコンがスマホに置換されました。今後はスマートスピーカー、ウェアラブル、AR/VRにどんどん置き換わっていくことでしょう。

若手社員は新しい環境の中で育ち、それが当たり前になっています。だから、なぜ自社はこんなにも時代遅れなのかと、悲観的な声を上げているのです。まずは対話して意見を聞いてみてください。これにより、会社を変革しなければならないという強い問題意識と、若手のために道を作るのは自分しかいない、という意識が醸成されるはずです。

## 仲間を集め、未来を想像する

10年後、20年後、どんな会社にしたいか、各部門に散らばっている同期・同世代を集めて、話してみてください。自分たちの未来を決めるのは、自分たちしかいません。繰り返しになりますが、現経営者は数年で引退します。次世代リーダーが、現経営者をつき動かし、スポンサーになってもらい、企業改革を進めてください。

最初に企業変革のビジョン・目標を定めます。そのためには、未来（10年後、20年後）の世界で、顧客はどう変化しているか？ 競合はどう変化しているか？ 自社はどう変化しているか？ 脅威となる新規参入者はいるのか？ などと、想像してみるのが大切です。

参考までに、マッキンゼーが分析した、各業界で予想される産業構造の変化を上げておきます。これからの10年の国内ＤＸ投資予測において、ＤＸへの投資規模は3兆円を超える見込みです。なかでも交通や運輸業界が最も大きく、金融、製造、流通と続いています。交通・運輸業界については、自動運転などのニーズが社会的に大きく、金融業界では金商法改正を受けたブロックチェーン活用の拡大や、多業種からの

## 図表5-3 2030年までに予測される産業構造の変化

| | |
|---|---|
| 交通/運輸<br> | ・無人運転トラック、荷役を自動化したコンテナ貨車、IoT・AIを用いた危険予知等により貨物は完全自動化<br>・2020年に改正道路交通法などが施行され、レベル3（条件付運転自動化）も解禁。ホンダが2021年にレベル3の車両販売を開始することを発表するなど、自動運転の実現が本格化<br>・海外ではテスラがレベル5（完全自動運転）を2021年に発売することを目指し、Googleの親会社傘下のWaymoは既にレベル4（特定条件下における完全自動運転）のタクシーを米国の一部で提供 |
| 金融<br>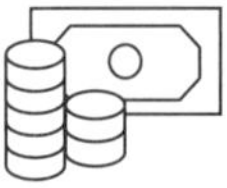 | ・2020年5月に施行された改正金融商品取引法により暗号資産（仮想通貨）が金融商品として取り扱い可能に。ブロックチェーンを活用した債券取引、ビットコインによる給料受け取りなど、現金及び銀行を必要としない取引が増加<br>・小売業（米国ではアマゾン、ウォルマートなど）が金融機関と提携し金融サービスを顧客に提供。異業種からの参入により金融機関の役割がフロントからバックに変化 |
| 製造<br> | ・工場はIoT化され、リアルタイムにデータを分析し生産を改善・最適化<br>・人間はロボットと共存し、業務自動化に限らず教育や技術継承にもロボットを活用<br>・サプライチェーン全体をデジタル化し、発注を受けるたびに製造することで在庫を持たず、1日以内に製造から配達を可能にするリーンなオペレーションを実現 |
| 流通<br> | ・リアルとデジタルの垣根がなくなり、店頭で見た商品をネットで注文しその日に届くなど、欲しいときに欲しいものを入手可能に<br>・店舗が不要になるため、吸収合併が加速。異業種が組んでエコシステムを構築（例：小売りと自動車が手を組み、車の余ったスペースで商品を配送するなど） |
| 医療/介護<br> | ・メジャーな疾患（癌・認知症）はAIを活用した早期発見技術により安く簡単に検査を受けられ、重症化リスクは最小限化。治療もゲノム医療により、遺伝子レベルで各患者に最適な治療法を提供<br>・遠隔医療・在宅診断が普及し、5Gにより高速大容量通信が可能になり、VRによる診療や手術支援ロボットによる遠隔での手術が実現 |

出所：企業ウェブサイトをもとにマッキンゼー作成

参入による市場の活性化、製造業ではＩｏＴ等の活用により、在庫を持たない、大量受注生産などの新たなビジネスモデルの誕生などが予測されます。このような未来予想等の情報を活性剤として活用し、活発な議論を進めていきます。

ある日本の大手Ｂ２Ｃ企業で活躍している40代の方は、半日程度のhackathon形式のワークショップを自ら企画し、会社が変わるきっかけ作りに成功しました。このワークショップがうまくいった要因は、「周りの知恵を借りる」ことでした。業界がどう変わるのか、一人だけのアイデアでは限界があります。その方は、ＧＡＦＡのようなテクノロジー企業に自ら声をかけ、業界の変化をどう見ているのかゲストスピーカーとして招き、また、会社の垣根を越え同業他社からもＤＸについて課題意識を持っている方を呼んで議論を盛り上げました。

こうした「周りの知恵」をうまく刺激として活用し、社内の参加者の考えを引き出し、経営層への提言に活用するといった、自社がどう変わるべきかの議論の出発点を創り出していました。

別のある会社では、40～50代だけではＤＸのアイデア創出に限界があり、裾野を広げて同志を募りました。社内でInnovation Olympicsなるコンテストを企画し、ＤＸアイデアを広く社員から募集することで、熱意とアイデアのある若者を選び出しました。こうして現場のアイデアと、40〜50代の会社を変革する思いを融合させて、経営陣に変革の提案をしたのです。コンテストを通じて、個人のネットワークだけでは偏っていた考え方や経験に新たな視点が加わり、より大きなインパクトが出せたということです。また、この取り組みで得た同志・仲間は、今後の人生にとって、かけがえのない財産になったそうです。

### 戦略の背骨を作る

未来を想像した後は、どうやって自社の企業価値を高めるのかを考えます。具体的には、10年後の社会・市場・顧客・消費者のニーズの変化に対して、自社の提供価値・競合優位性を明確にします。

ここで思い返していただきたいのが、第2章で示したビジネスモデルを変革する際のヒント「スマイルカーブ」と「エコシステム・共創」です。特に製造業ではスマイルカーブを意識することが重要です。

スマイルカーブとは、バリューチェーンをヨコ軸に、利益率をタテ軸にとった、サプライチェーンの上流から下流にかけてのカーブです。このうち、川上の設計・デザインや川下のEC販売・サービスなどへの進出が企業の存続には必要であり、真ん中の機器製造だけでは高い利益率を生み出せないのです。よって、製造業では、徹底的に消費者目線に転換し、消費者の感性に訴えかけるデザインや、ニーズに確実に合致した価値提供で商品に付加価値を生み出すか、もしくは、サービス収益などリカーリング（継続課金型）ビジネスへの転換による、儲け方の変革が求められます。

これらの転換は一朝一夕に成し遂げられるものではなく、既得権益者からの抵抗と折り合いをつけながら、デザイン思考での製品開発、デジタルチャネルの構築、顧客ニーズの深い理解、広告・マーケティングなど新しい能力の獲得と開発への先行投資を行う覚悟が必要です。

また、「周辺領域の染み出し」つまり、現在の強み・立ち位置を生かして、B2BとB2Cのどちらの周辺領域にビジネスを拡大させるかの議論も欠かせないでしょう。現在B2C事業を営んでいる企業が、周辺のB2C事業と提携・買収して、カバレッジを増やすべきなのか、それともB2Bに進出し、新たなサービスを手掛けていくのか、ビジネスシナリオとビジネスケースをシミュレーションして、方向性を議論します。コロナ禍からの復興期においては、思わぬ事業が売りに出る機会もあるので、M&A戦略を立て、網をかけておくことが重要になります。

そして「エコシステム・共創」も、これからのビジネスモデル変革には求められて

**図表 5-4　ビジネスモデルの再定義：周辺への染み出し**

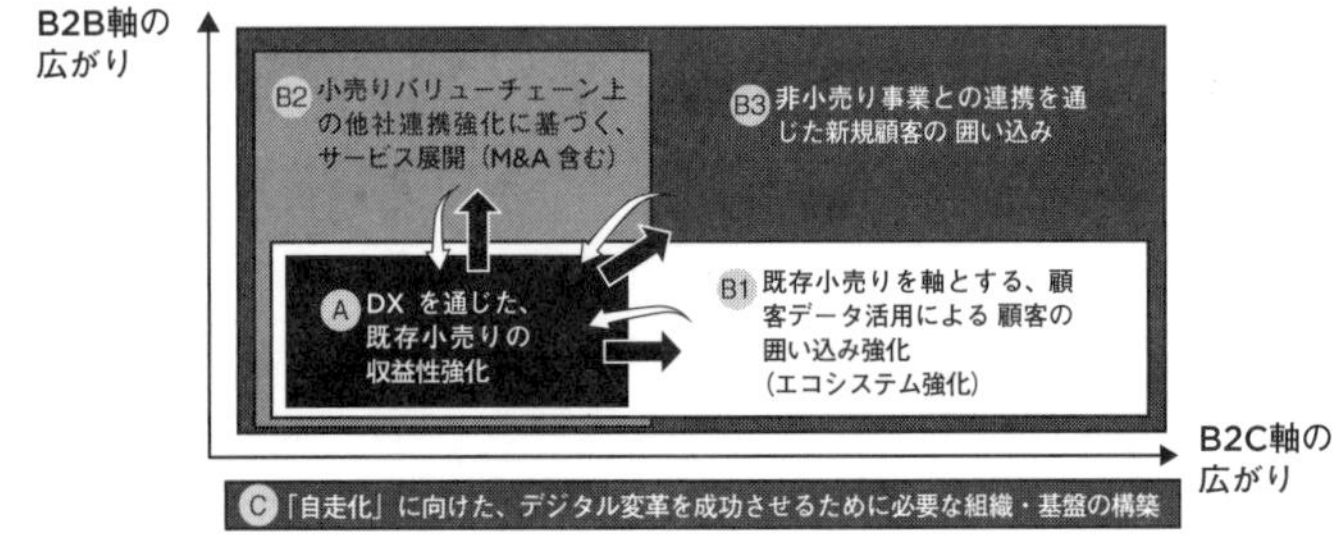
B2B軸の広がり
B2 小売りバリューチェーン上の他社連携強化に基づく、サービス展開（M&A含む）
B3 非小売り事業との連携を通じた新規顧客の囲い込み
A DX を通じた、既存小売りの収益性強化
B1 既存小売りを軸とする、顧客データ活用による顧客の囲い込み強化（エコシステム強化）
B2C軸の広がり
C 「自走化」に向けた、デジタル変革を成功させるために必要な組織・基盤の構築

出所：マッキンゼー

くるでしょう。ネクストノーマルの時代にあっては、消費者向けのサービスをすべて1社で提供することは難しくなるかもしれません。そこで、例えば小売と銀行、自動運転サービスと不動産など、多種多様な組み合わせによるエコシステム・共創が生まれてくることでしょう。トヨタのように積極的に他社とのオープンイノベーションを仕掛けていき、両者がWin－Winになり、マネタイズが可能な協業を探していく必要があります。

　他社との差別化に資する自社の提供価値は何なのか（品質、スピード、価格、ニーズ充足度など）？　競合優位性を生み出す価値の源泉は何なのか（自社アセット・データ、組織能力、独自プロセス、他社とのネットワークなど）？　そして、それを阻害する要因・壁は何なのか？　その壁を乗り越えるには、どのように企業文化を変えなければならないのか？　といったことを深掘りしていきます。ここまで議論できれば、自社にとってどのような企業変革が必要なのかの輪郭が見えてきます。

## 自社の現在地を知る

未来の姿・ビジョンを定義した後は、自社の現状を知る必要があります。目指したい未来と現在のギャップから、どの程度の規模の変革が必要かを把握するためです。日本企業のDXを加速させる目的から、政府、省庁、経済団体、調査機関などがDXの進展度・成熟度に関する知見を公開しています。

例えばDXの進展度を把握するには、経産省の「DX推進指標」が活用できます。IPA（情報処理推進機構）のウェブサイト「DX推進指標　自己診断結果入力サイト」(https://www.ipa.go.jp/ikc/info/dxpi.html) でこの指標を活用した無料診断が可能です。5段階のDX進展度のうち、自社がどこにあるのか（図表5－5）、こういった診断から把握できます。

また、経団連は「協創DX指標」を定義しており、「Society 5.0」という価値創造と課題解決を両立する社会モデル実現のためのDX能力を協創・経営・人材・組織・

**図表5-5**　日本企業のDX進展度

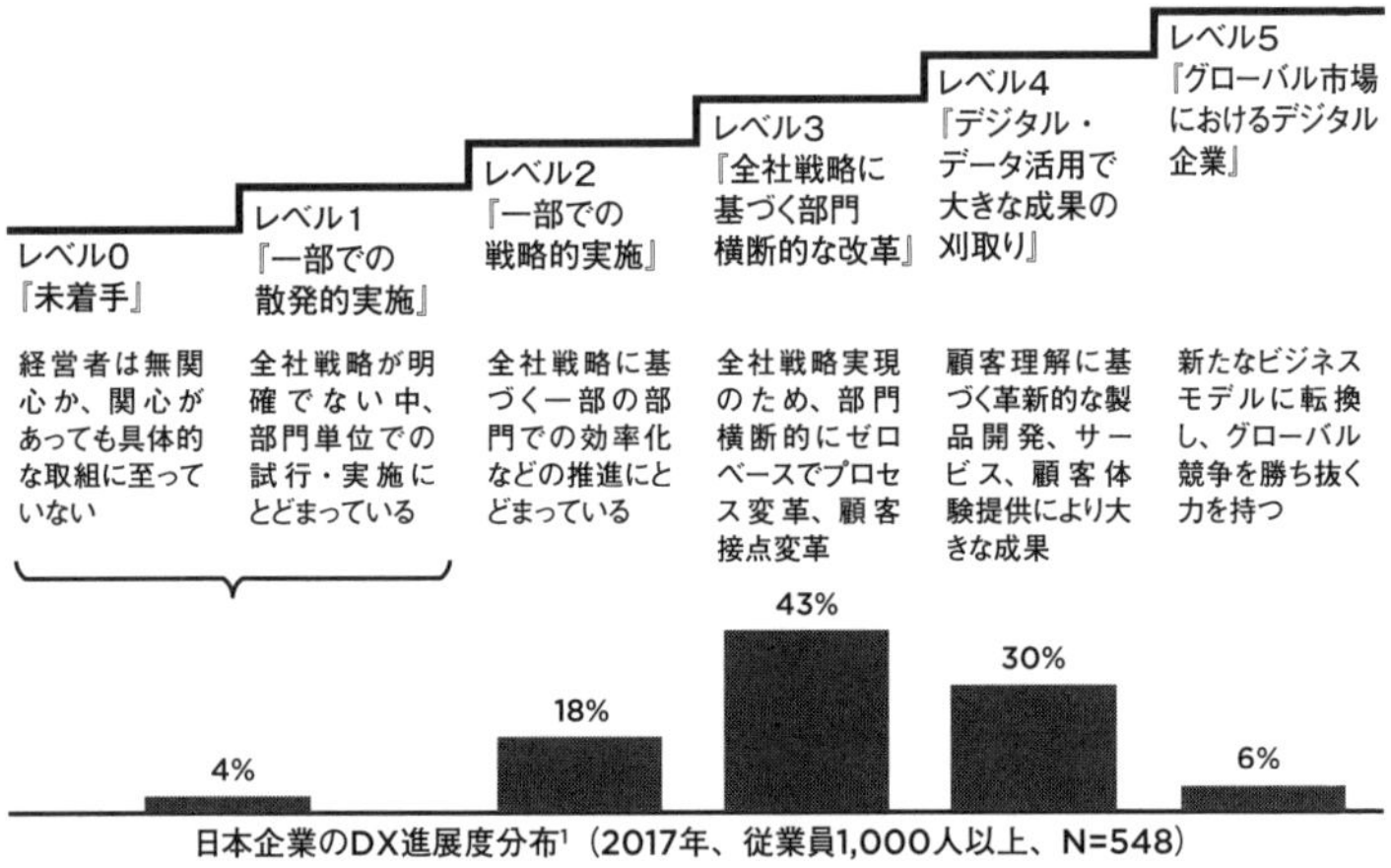

レベル0
『未着手』
経営者は無関心か、関心があっても具体的な取組に至っていない
レベル1
『一部での散発的実施』
全社戦略が明確でない中、部門単位での試行・実施にとどまっている
レベル2
『一部での戦略的実施』
全社戦略に基づく一部の部門での効率化などの推進にとどまっている
レベル3
『全社戦略に基づく部門横断的な改革』
全社戦略実現のため、部門横断的にゼロベースでプロセス変革、顧客接点変革
レベル4
『デジタル・データ活用で大きな成果の刈取り』
顧客理解に基づく革新的な製品開発、サービス、顧客体験提供により大きな成果
レベル5
『グローバル市場におけるデジタル企業』
新たなビジネスモデルに転換し、グローバル競争を勝ち抜く力を持つ
4%
18%
43%
30%
6%
日本企業のDX進展度分布[1]（2017年、従業員1,000人以上、N=548）

1　IDC調査2017年12月、従業員1000人以上の大規模企業に所属する部長クラス以上か、予算・企画等の意思決定者の548人

出所：経産省資料などをもとにマッキンゼー作成

技術の5軸で定義しています。「DX簡易組織診断」というウェブサイト（https://aitec-srv.jp/static/DXAnalytics/top.html）でこの指標を活用した診断が公開されており、自社のDX推進レベルの簡易診断が可能です。

マッキンゼーでも、自社がどの程度のDX成功確率を持っているか、そして失敗しないためには特に何を注意すべきかという、DXの成功確率診断を無料公開しています。こちらは、Fast Times benchmark surveyというウェブ

サイト（https://solutions.mckinsey.com/msd/fast-times-survey/）で実施できます。実施後には、20ページに及ぶ診断結果レポートが送られてきます。

次に自社の現在地として把握すべきなのが、より詳細なDX進展度です。例えば、自社の事業ドメイン（国、市場、BUなど）、機能ドメイン（開発、生産、物流、マーケ、営業、販売、サービス、コーポレートなど）ごとのDXの進展度と、実施した場合の効果を把握する必要があります。

この診断は一筋縄ではいきません。他社で実施したDXの施策をそのまま自社に当てはめれば同じ成果が得られるという類のものではないからです。DXで実施すべき施策は、DXが顧客・消費者ニーズを他社よりも早く・深く実現するという目的に根ざすものであるため、国、市場、業界、競合環境などによって大きく変化します。

もちろん、業務の自動化、デジタルマーケティング、工場におけるロボット活用など、実施すれば効果が出るような、クイックウィン施策もあります。しかし、DXで実施すべき施策とは、圧倒的な競合優位を作り他社と差別化できるものです。例えば、データを活用したアルゴリズム構築、製品開発期間の短縮、新たな顧客接点や優れた顧客体験の提供、他社とのエコシステム構築による提供価値の向上、そして新たなビジネスモデルの開発などがあげられます。

事業ドメイン、機能ドメインにおける豊富な事業経験と、DX経験を持つ外部エキスパートを活用し、自社の事業部門とIT部門が連携しながら自社の差別化戦略を練り上げていくことで、企業の提供価値を転換するDX施策が具体化し、効果の試算も可能になります。

## アクションプランを立てる

輪郭が見えてきたDXビジョン、企業変革の全体像に従い、一気にアクションプランを書き上げます。その際に、ぜひ参考にしていただきたいのが、第4章で提示したDX成功のレシピ（PlayBook）です。

まず、「Why」を整理します。顧客や消費者、市場や競合環境、そして産業構造が変化する中で、自社が変わるべき理由、未来のありたい姿、それを達成するためのDXビジョン・DXロードマップを定義し、全体戦略を立案します。

次に、「What」を作ります。提供価値転換・競合優位性を担保するために、事業ドメイン・機能ドメインごとに、どのような変革が必要なのかを定義し、それがどのような売上増やコスト削減あるいは定性的な効果を生み出し、どのような投資をかけ、何年でリターンを得るのかを試算し、ビジネスケースを作ります。

図表5-6 企業変革と理想的なDXの進め方を融合

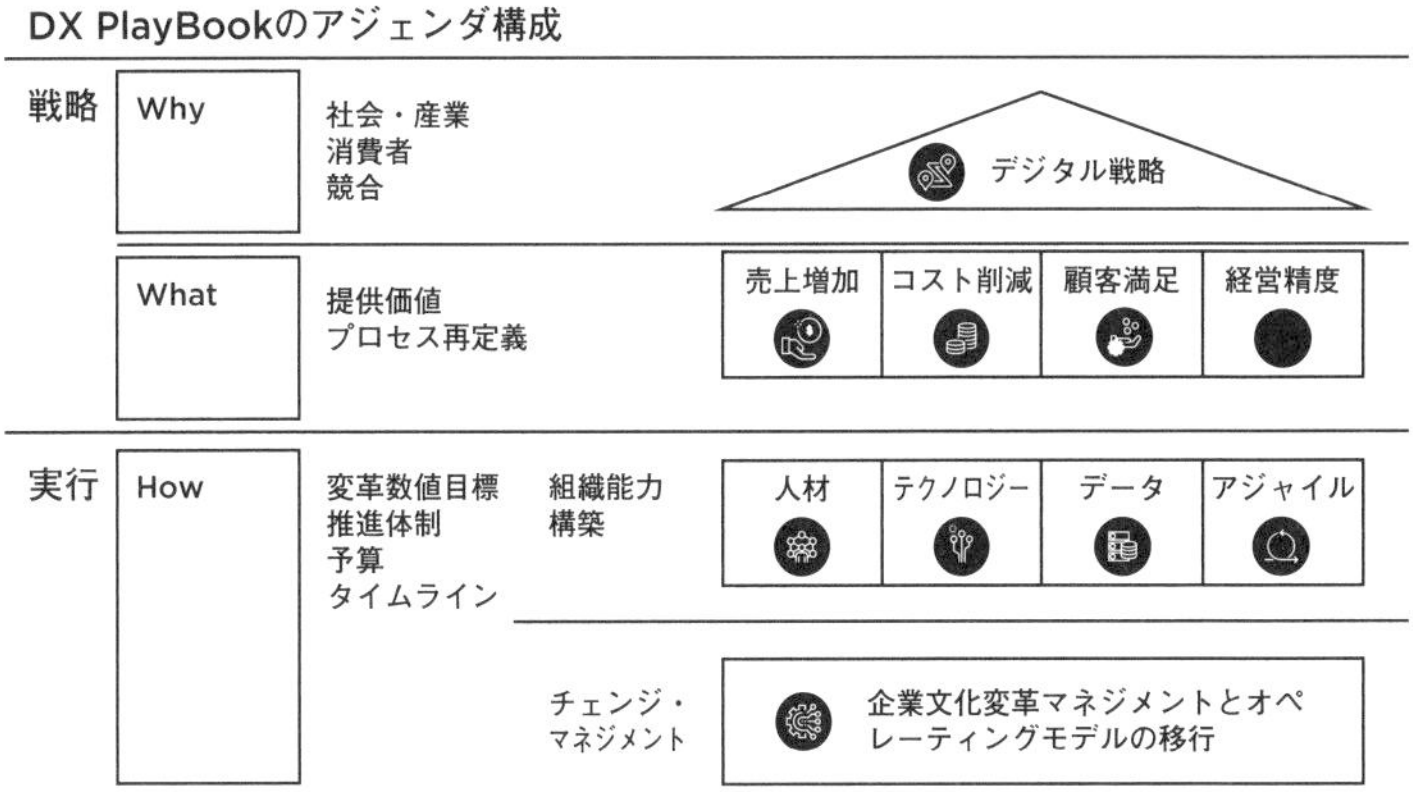


出所: マッキンゼー

そして、最後に「Ｈｏｗ」を定義します。自社のＤＸ進展度や組織能力の成熟度を把握し、新たな組織能力の構築（社員のリスキリング、テクノロジー変革、データ変革、アジャイル変革）を実施するためのアクションを立案します。最後にＤＸの推進体制（ＣＤＯ・ＤＸ推進室などの組織、インパクトの刈り取りをモニタリングする仕組み、外部人材の登用）等の実行プランを決定します（図表５－６）。このPlayBookは、マッキンゼーが年間１２００社、過去10年間のＤＸプロジェクトを通じた失敗事例・成功事例を基にした学びの集大成で、現在実施しているすべてのＤＸプロジェクトで実際に使っているものです。

今からDXを進めるならば、最も成功率を高めることができるレシピになっています。使えるものはどんどん活用して、成功の秘訣を先人から学んで、自社にとって最良のプランを作り上げ実行に移してください。

## 人生100年時代を幸せに生きるために

### キャリアにとっての意味

最後に、次世代リーダーがこの大変なDXをやり切ると何が得られるのだろうか？という問いに答えてみたいと思います。具体的には、あなたのキャリアにとってどんな意味があるのか？ということです。

海外で活躍しているCEOを見てみてください。時価総額が大きな会社は、デジタルやアナリティクス技術をうまくビジネスに活用して台頭した会社です。コロナ禍でも耐性があり、利益を伸ばしている会社はどうでしょうか。古い体質の会社を、この5年でDXをテコに一気に全社変革やリスキリングを成し遂げた会社が台頭しています。

それらを引き起こしたのは、デジタル・アナリティクスに強い、もしくは、それを後天的にグローバル企業から学んで実践したＣＥＯです。つまり、あなたが次世代リーダーとして、ＤＸを使った企業変革をやり遂げることができれば、ビジネス×デジタル×企業変革の、３つの力を持ち合わせた経営者になることができるのです。10年後には、この３つのスキルは経営者だけでなくビジネスパーソンが持つべきスキルとして、必須となっているでしょう。

あなたが経営者を目指していなかったとしても、行動を起こすべきです。この３つを持ち合わせていない人の付加価値、マーケットバリューは相対的に低下していくことになるからです。

## 人生１００年時代のスキル

人生１００年時代に突入し、60歳でリタイヤして悠々自適に暮らすというモデルは崩壊しました。50～60歳を境に、第二の人生がスタートすると考えれば、第二の人生を自分のペースで仕事をしながら、豊かに暮らしていくためには、スキルと実績が必要です。ビジネス×デジタル×企業変革のスキルを身につけ、古い体質の伝統的企業を変革した実績を持つ人は、今後、数十年間、時代に合わせた変革が必要な日本企業にとって、引く手あまたの存在になるに違いないのです。

もし変革の途中で、あなたが起こしたDXが失敗に終わったり、頓挫した場合でも、それまでのチャレンジの過程で身につけたスキルは確実に、あなた自身の糧となり、そして次の人生に必ず役に立つでしょう。逆に変革を起こさず、無為に日々を送ったり、他の誰かが行動を起こしてくれるのを待っているだけでは、決してスキルも実績も身につきません。新たなスキルが身につかないということは、あなたの運命を、いま所属する会社に預けることになります。それはあなたにとって、最もリスクが高い選択肢なのではないでしょうか。

勇気をもって最初の一歩を踏み出しましょう。会社をよくしたいという一点の曇りもない、真っ直ぐな思いで突き進むとき、その姿は、必ず、他の誰かに伝わります。あなたの周りには仲間が集い、会社を変える原動力になってくれるはずです。その変革の輪は、会社の外へも広がって、産業構造も変革させるでしょう。

本書を読んでくださった読者の中から、次世代の志士が続々と立ち上がる姿が、私たちには見えています。古い日本を脱ぎ捨て、若い世代が未来を創るために道を切り開きましょう。そして、一緒に成し遂げましょう。「世界で勝てる日本を創る」という、歴史を変える大変革を。

## コラム　崩れつつある業界の壁と、日本企業の進むべき道

### すべての企業はテクノロジー企業に

社会においてデジタル化が進んだことで、既存の業界の壁が崩れつつあります。今後は、人工知能や、ソフトウェア、クラウド、物流を制するものが、2030年に変革を起こしているともいわれています。

例えば、アマゾンはヘルスケアに参入し、既に米国ではアマゾンケアとして事業をスタートしています。同社に関してはもはや、ネット通販企業であるとかクラウド事業者であるといった分類は意味を成さないのです。

過去にも、総合商社が多業種へと事業を展開してコングロマリットを形成するというパターンはありました。とはいえ、儲かっている分野の利益を赤字の分野へと投入し、コングロマリット・ディスカウントの状態に終わるというのが一般的でした。しかし現在の流れでは、多業種に事業を展開することで、企業間がデータでつながりシナジーを発揮し、コングロマリット・プレミアムを実現するようになっています。

上流から下流までのビジネスの商流を押さえることで、データ解析や自動化等に

より、さらなる価値を創出することができます。事業分野を超えて顧客データを共通化すれば、例えばコンビニでパンを買った顧客は次に〇〇で〇〇を買う可能性が高いなどといった予測も可能となるでしょう。この際には、個人情報を省いたとしても、個人を認識することはできます。

そのため、先に挙げたアマゾンだけでなく、Googleもアップルもマイクロソフトも、従来の業界の枠に収まらない動きを加速させています。すべての業界がテクノロジーを使わざるを得ない世の中となったことで、かつての業界分類が意味のないものとなりつつあるのです。今後は、すべての業界のあらゆる企業が、テクノロジー企業とならなければ生き残れない時代となっていくでしょう。

## データ活用のキーワードは「おもてなし」

日本企業においても多くの経営者が「データは石油である」と語っていますが、ではその〝石油〟をどう活用すべきなのか、ということまでイメージできる人は少ないのではないでしょうか。石油は精製することでガソリンやプラスチックになり、新たな価値が生まれます。これと同様に、データもまた適切なかたちにして活用しなければ新たな価値は生まれません。

データ活用のしかたの1つのポイントとなるのが「おもてなし」でしょう。例えば、自社のウェブサイトを訪れたユーザーが何回目の訪問なのか、そしてそのユーザーの過去のサイト上の行動はどういったものだったか、こういったデータに応じて表示するメッセージを変える、さらには提供する情報やサービスも変えることで、より満足度を高めることができるはずです。

リアル店舗でも、データを上手に活用できればより満足度の高いサービスを顧客に提供できるようになるでしょう。このようにおもてなしを実現するデータ活用のあり方は、すべてのビジネスに当てはまってくるのです。

ハードウェア×ソフトウェア×サービスの掛け算によって顧客に価値を提供するのがおもてなしです。ハードウェアとサービスの部分はこれまでも日本企業が得意としてきた分野のはずです。しかし、ソフトウェアの部分が苦手であることから、全体的なおもてなしのレベルが下がってしまっています。

そこでぜひ見習ってほしいのが、アップルの〝引き算の美学〟です。ユーザーインターフェース（UI）を可能な限りシンプルにすることで、アップルの製品やサービスを初めて使う人でも、そして機械が苦手な人でも、誰でも迷わずすぐに使えるようにしているのです。

これからの日本企業には、まずは経営層がデジタルの本当の価値を理解して、自社のビジネスモデルを根本から変えていくという強い意志が求められてくるでしょう。

山本 康正（やまもと・やすまさ）
マッキンゼー・デジタル アドバイザー
東京大学で修士号取得後、ＮＹの三菱東京ＵＦＪ銀行米州本部に勤務。ハーバード大学大学院で理学修士号を取得。Googleにてフィンテックやエーアイ（人工知能）などで日本企業のデジタル活用を推進。日米のリーダー間にネットワークを構築するプログラム「US-Japan Leadership Program」諮問機関委員。京都大学大学院特任准教授。日本経済新聞電子版にてコラム「教えて山本さん！」を連載。

# おわりに

## 次世代リーダーに求められる楽観的マインド

様々なテクノロジーが日々変化し、進化しています。とりわけデジタル領域ではAI、機械学習、アナリティクスなど、最先端のテクノロジーが急速に進歩し、また普及しています。そうした中にあって、DXはとっつきにくい分野でもあるため、「自分はデジタル変革はよくわからない」「組織で取り組むとしても、自分が貢献するイメージがわかない」などと考えてしまい、心理的なハードルを設けがちかもしれません。

しかしそこは、ぜひ割り切って「やってみる」ことが大事です。どんな技術にせよ、完璧にはわからないものですし、そもそも細分化が進んでいるので、すべて自分で行うことなど最初から無理な話です。

まずは人の力を借りてやってみよう、というマインドを持つ。次世代リーダーとなる自身がどのようにイニシアティブをとって、どう現状を変えていくべきか、いかに「自分事」として考え、実行していくか。これがDXを進めていくうえで最初になすべきことです。

多くの日本人はどうしても悲観主義に走りがちです。マッキンゼーは、コロナ禍における今後の経済動向に関する消費者の見解について、グローバルで調査を行いました。

世界中の消費者の中でも圧倒的に悲観的な見解を抱いていたのが日本の消費者でした。調査時点では、新型コロナウイルスの新規感染者数がアメリカやイギリスで爆発的に伸びており、対して日本では比較的抑えられていた時期でした。それにもかかわらず、日本の消費者の実に8割以上が、コロナ禍によって経済は必ず悪くなる、ひいては消費行動を差し控える、と回答していたのです。海外では、最も割合が高い国でも悲観的な回答は4~5割に過ぎませんでした。

こうしたことも踏まえ、日本人はせっかく新しいアイデアや発想が浮かんでも、「こんなことを考えてもどうせうまくいかないだろう」と思い、実行を躊躇してしまいがちなのです。もっともっと楽観的になるトレーニングも、ある程度は必要ではないでしょうか。

## 危機感を抱いて行動する

自分の会社や組織、あるいはビジネスが、デジタルを活用することでどう変われるのか、そしてそのための自身の役割とは何であるのかについて、考える意欲と力も重要です。

最初は妄想でも構わないので、とにかく好奇心を抱いて考えてみるべきです。その際には、テクノロジー視点でなくても、「こんなことができたらいいな」といった、制約のない純粋で自由な願望や希望から入ってもいいはずです。

現場の従業員の作業時間をどうすれば短縮できるのか、顧客からのニーズにどのような新しい製品・サービスを開発すれば応えることができるのか、オンラインを含めてモバイルを駆使したリテール販売新戦略など、多種多様なアイデアが生まれてくることでしょう。こういった発想には、デジタルでの実現可能性よりも、考える意欲と力が必要になってくるのです。

楽観的なマインドを持ったうえで、理想の姿を考え、そして危機感を抱いて行動する。一見すると相反するようなマインドを両立させることが大事です。

ここでの危機感とは、次世代リーダーである自身がいまやらなければ、5年後10年後の日本の未来がなく、自分の組織もないかもしれないという意識です。

同時に、将来の日本の子どもたちに、どんな良いものを残せるのか、という社会的なマインドも必要だと思います。今後、日本ではますます少子高齢化が進む中で、自分たちが立ち上がって何かをやってやろう、という意識がいま、強く求められています。

## 仲間の輪を作る

さらに、押さえるべき要素として強調したいのが、デジタルを活用して実現できたらいいなという願望とアイデアが浮かんだら、周囲の人々を巻き込んで仲間をつくっていくことです。

日本の組織というのは基本的に縦割りであるため、確固たるヒエラルキーが存在していて、合意形成のための労力や時間がすごくかかってしまったり、抵抗にあったりしがちでしょう。同じ見解を持てる人々に話しかけながら、賛同者を増やしていくことが大切です。変わらない人・変われない人というのはいつまで経っても変わらないものですし、先進的であるかどうかは年齢に関係ない側面もあります。

1人でいろいろなことをやり遂げるのは難しいので、仲間探しを色々な角度から、年齢や部署さらには組織を超えてやってみてほしいのです。年代や組織を超えて、同じ想いのもとで、何かを変えていこうという、仲間の輪をつくっていくことです。そのときの発想としては、この人の強みは何かといったダイバーシティの観点も欠かせないでしょう。お互いに、理解と尊敬と信頼をし合わなければいけません。そのためには労力もかかるでしょうけれど、同じテーブルについて、向き合いながらともに新しいものを作っていくというアプローチが大事であることを忘れてはなりません。

そのため、なかなか分かってくれない、話が通じないからといって、簡単にくじけない精神力や忍耐力も必要になってきます。ものづくりの用語に「すり合わせ」というコンセプトがありますが、その言葉が示すように、普通ではかみ合わないもの同士であっても、時間と労力をかけてすり合わせていくことで、最終的にお互いにうまく歩み寄ることができれば、ものすごい大きなエネルギーを発揮できることでしょう。

そのうえでイノベーションを創出していくことを、次世代リーダーの方々には大いに期待しています。

## 日本ならではの強みを活かすべし

DXを進めるうえで、日本ならではの強みもたくさんあります。まずはなんと言っても、日本人の行動様式のベースになっている「和を尊ぶ」精神が挙げられるでしょう。それぞれが多様で異なる人間同士である中にあって、互いに相手を尊重し、相手の立場で思いやるといった意識が文化の根底にあります。

日本人は勤勉で最後まで努力する精神力がありますし、チームワークの力も強固ですから、イノベーションを成し遂げる潜在能力があるはずなのです。いまもなお「メイドインジャパン」のブランド力は海外で根強くありますし、他にも様々な強みが絶対にあると信じます。また「三方よし」に代表されるように、社会を含めた様々なステークホルダーへの価値提供を自然と行える風土があります。そうした強みを活かす力と意思を持ち、みんなでムーブメントを起こしていく、それができるのが次世代リーダーなのです。

そうした人材がある一定の規模にまで膨らんでくれれば、企業の枠を超えたDXもスタートラインに立って、いろいろなイノベーションが起きていくことでしょう。

デジタル活用というのは、お互いに仕事をしながらイノベーションやリノベーションを進めていくこととも言えますので、日本人ならではのチームワークの良さというのが活かせるはずです。

そしてチームワークというのは、社内に限定するものではなく、社外にも目を向ける必要があるでしょう。少子高齢化で人口も減っていく中、日本の持つ強みを活かしながら、そして海外からのインスピレーションや多様な人材との協働も含めて、日本が一致団結して物事を進めていく、すなわち、企業間さらには異業種間の「オールジャパン」で協働することが大事なのではないでしょうか。国内での競争にばかり目を向けていたために、国際競争力が失われていき、国としての地力の地盤沈下が起きてしまっているのが、この20～30年ぐらいの動向だと見ています。

人的、組織的なネットワークを活かして、新しいアイデアをイノベーションへとつなげていくということに関して、日本には底力があるはずなのです。しかし、そうした底力を発揮するためには、誰かがリードしないといけません。それこそが、次世代リーダーの役割ではないでしょうか。

例えば、社内でこういうことをやりたいなどと発想して、数百人・数千人という単位でのチームを構想したうえで、具体的な活動へと移していける人材が必要です。そうした人材は本書で紹介した「トランスレーター」とも呼ばれます。社内だけでなく、外部で「他流試合」を行ったり、ネットワークを作ることもまた強く求められます。

まずは自分自身がトランスレーターもしくはトランスレーターをリードする人となって、外部にも目を向けながら、様々なインスピレーションを積極的に得ていく人間にならねばなりません。

昨今では、サステナビリティやESG、SDGsといったテーマが企業経営においても注目されています。それらのテーマのカギとなる生態系というのは、様々な存在がいてこそ成り立つものです。同様に、社会システム全体をデザインするという観点に立って、一企業での取り組みに閉じずに、もう1段高いレベルから俯瞰した活動が必要になってくるでしょう。より多くの日本企業がそういった目線を持つことができるようになれば、日本という国自体の国力や国際競争力が再び向上していくのではないでしょうか。

歴史を振り返っても、日本というのは危機に瀕した際の復興力がきわめて高い国だといえます。戦争や震災といった大きな出来事が生じて、それを多くの国民が認識し、このままでは危ないと考えた際の落ち着いた対応というのは、世界的に見ても稀有であることは間違いありません。

エズラ・ボーゲルの『Japan as Number One』が出版されたのは1979年、40年以上前になります。戦後30年の目覚ましい復興の軌跡と日本社会および企業の強みを示したこの本は当時ベストセラーになりました。今こそ、Japan as Number One AGAINを目指して、行動を起こすときではないでしょうか。

繰り返しになりますが、このまま手をこまねいていたのでは日本は沈んでいく、いま変わらなければ変わるためのチャンスを失ってしまう、という事実を理解して、危機感を抱き、行動することが、次世代リーダーに求められることです。素晴らしいチームワークをもとに、日本の底力を発揮すれば、必ずや明るい未来を創造していけると信じています。

マッキンゼー・アンド・カンパニー　日本代表
岩谷 直幸

**片山 博順**（かたやま・ひろゆき） 第2章・第3章
マッキンゼー・デジタル アソシエイトパートナー
早稲田大学大学院理工学研究科（情報ネットワーク専攻）修了。デューク大学フュークア・スクール・オブ・ビジネス修了（MBA）。マイクロソフトを経て現在に至る。通信・メディア・ハイテク企業、製造業を中心に様々な業界での全社的なデジタル変革やデジタル・テクノロジーを用いた新事業創出、IT組織変革に関する豊富な経験を有する。

**坂本 貴則**（さかもと・たかのり） 第4章
マッキンゼー・アンド・カンパニー パートナー
東京大学法学部卒業。コロンビア大学経営学大学院修士課程修了（MBA）。経済産業省にて事業再生、流通、バイオ分野に携わる。マッキンゼーでは15年にわたり、グローバル展開する日本企業の包括的、持続的な大規模事業変革・企業文化変革に従事。また、数万人を対象とする問題解決等実行力強化のための能力開発プログラムを企画、成功させている。

**Lari Hämäläinen**（ラリ・ハマライネン） コラム
マッキンゼー・デジタル シニアパートナー
北東アジアにおけるデジタル・マッキンゼーおよびアドバンス・アナリティクス（AI）関連のプロジェクトをリード。様々な業界の企業に対して、先端テクノロジーや新しい働き方を導入するための戦略の策定、変革を実現するための支援を行っている。

**岩谷 直幸**（いわたに・なおゆき） おわりに
マッキンゼー・アンド・カンパニー 日本代表
一橋大学経済学部卒業。カーネギーメロン大学経営学大学院（テッパー・スクール・オブ・ビジネス）修士課程修了（MBA）。大学在学中から、テック企業「HENNGE」の共同創業メンバーとして活動後、マッキンゼージャパンに入社。シカゴオフィス勤務などを経て、2016年からシニアパートナーを務める。主に企業の全社変革、グローバル化、データ・アナリティクスの活用、組織能力開発などの支援を担当。2021年1月日本代表に就任。

## 執筆者紹介

**黒川 通彦**（くろかわ・みちひこ）　はじめに・第4章・第5章・コラム
マッキンゼー・デジタル パートナー
大阪大学基礎工学部卒業。アクセンチュアを経て現在に至る。マッキンゼー・デジタルグループのリーダー。23年以上にわたり日本のデジタル変革をリードしてきた経験とコア・テクノロジーの知見を活かし、デジタル部門の代表としてデジタル・アナリティクス技術を用いた生産性改善、コア・テクノロジー・モダナイゼーション、データドリブン経営、新規ビジネス構築などを含む全社変革をリードしている。

**平山 智晴**（ひらやま・ともはる）　第1章・第4章
マッキンゼー・デジタル パートナー
東京大学工学部卒業。コロンビア大学経営大学院修士課程修了（MBA）。大手広告代理店を経て現在に至る。小売企業や消費財メーカー、メディア、金融サービス機関に対し、アナリティクスを活用した組織変革、顧客ロイヤルティ、全社ブランディング、営業生産性改善、新規市場参入などに関するコンサルティングを実施。

**松本 拓也**（まつもと・たくや）　第1章・第4章
マッキンゼー・デジタル パートナー
早稲田大学商学部卒業。アクセンチュアのマネージング・ディレクターを経て現在に至る。DXの基盤となるクラウドネイティブ化、エンタープライズ・アーキテクチャの導入、IT組織のガバナンス改革、サイバーセキュリティ対策など、テクノロジーのモダナイゼーションを梃とした企業変革に関して深い知見と経験を有する。

**マッキンゼー・デジタル**

マッキンゼー・デジタルは、デジタルテクノロジーの力を使って、クライアント企業のビジネスモデル変革による、企業価値向上を支援するチーム。

マッキンゼーのプロジェクトの半数以上を占めるデジタル領域のプロジェクトにおいて、トランスレーター、アーキテクト、エンジニア、デザイナー、データサイエンティストなど5,000人以上のデジタルの専門家が、コンサルタントと連携し、ワンチームでクライアントの変革を支える。

具体的には、DXによる企業の全社変革（“RTS”+“Digital”）、コアテクノロジー変革（“McKinsey Technology”）、データドリブン変革（“McKinsey Analytics”）、新規事業創出（“Leap by McKinsey”）、デジタル組織能力構築（“McKinsey Digital Academy”）、デザイン思考による企業変革（“McKinsey Design”）など、多様な変革プログラムを組み合わせることで、クライアント企業が新しい時代を生き抜くための持続的な成長力を獲得し、企業文化を変革し、飛躍的な企業価値向上を実現するパートナーとして、活動している。

マッキンゼー・デジタル日本
https://www.mckinsey.com/jp/our-work/digital

# マッキンゼーが解き明かす
# 生き残るためのDX

2021年 8 月20日　1版1刷
2024年 7 月 2 日　　9刷

| | |
|---|---|
| 編著者 | 黒川 通彦、平山 智晴、松本 拓也、片山 博順 |
| 発行者 | 中川 ヒロミ |
| 発行 | 株式会社日経BP<br>日本経済新聞出版 |
| 発売 | 株式会社日経BPマーケティング<br>〒105-8308 東京都港区虎ノ門4-3-12 |
| カバーデザイン | 山之口 正和(OKIKATA) |
| 本文デザイン | 山之口 正和 + 沢田 幸平(OKIKATA) |
| DTP | 朝日メディアインターナショナル |
| 印刷・製本 | 三松堂 |
| 編集協力 | 小池 晃臣 |

ISBN 978-4-532-32419-3

本書籍に関するお問い合わせ、ご連絡は下記にて承ります。
https://nkbp.jp/booksQA
Printed in Japan